초등 사회 진짜 문해력

3-2

창비

머리말

《초등 사회 진짜 문해력》을 펼친 여러분을 환영합니다! 낯선 곳에 갈 때 친구나 선생님과 함께 간다면 어떤 마음이 들까요? 선생님들은 어렵다고 느꼈던 **사회를 쉽고 알차게 만날 수 있도록 돕는 길동무 같은 책**이 되길 바라는 마음으로 이 책을 만들었어요.

'사회 교과서'라고 하면 여러분은 어떤 생각이 떠오르나요? 다양한 생각이 떠오를 수 있어요. 선생님이 교실에서 물어보면 어렵고 딱딱하다고 답하는 친구들이 많았어요. 그건 정치부터 경제, 지리, 역사, 법 등등 사회 교과서에서 다루는 내용들이 다양하고 많아서일 수 있어요. 또 교과서에는 분명 설명이 쓰여 있지만 단 한 줄로만 정리되어 있어서 자세하지도 친절하지도 않은 것 같은 느낌이 들기 때문일 수도 있고요. 그러다 보니 당황스러울 때가 있었을 거예요. 하나하나 다 물어보기도 그렇고, '혹시 나만 모르는 것은 아닐까?'라는 생각을 할 수도 있잖아요. 실제로 이런 경우가 참 많답니다.

사실 교과서는 책의 분량이 정해져 있어서 친절하고 자세한 설명을 모두 담기 어려워요. 이건 학생들뿐만 아니라 교과서로 직접 여러분을 가르치시는 선생님들도 아쉬워하는 부분이랍니다. 그래서 이 책을 쓴 선생님들은 이런 상황을 어떻게 풀어 보면 좋을지 고민했어요.

만약 선생님이 여러분 곁에서 실제 수업을 하듯이 차근차근 교과서에서 다룰 핵심 내용들을 안내해 주면 어떨까요? 이 책을 함께 쓴 선생님들은 여러분 또래 친구들이 어려워하는 부분들을 수업에서 찾고, 생생한 사례를 생활 속에서 모으기 시작했어요. 그리고 그것을 책으로 담아내었어요.

책을 읽다 보면 왜 그런 개념이 나왔는지 자연스럽게 **여러분 스스로 생각하고, 내용을 이해할 수 있을 거예요.** 무엇보다 사회는 우리가 평소 살아가는 생생한 생활 이야기를 담고 있기 때문이에요. 시장과 마트 등에서 물건을 사고, 스마트폰을 사용하고, 교통수단을 이용하는 등등 생생한 이야기들이 바로 사회이기 때문이지요. 우리가 살아가는 세상 이야기와 또 재밌는 역사 이야기 등을 나누면서 열어 간 수업을 **교과서 진도에 맞춰 학년과 학기에 맞춰** 책으로 펼쳐 내었어요. 이 책과 함께 하면 사회 교과서를 읽을 때 살아 숨 쉬는 세상과 마주할 수 있을 거예요. 그래서 이 책의 이름을 《초등 사회 진짜 문해력》이라고 이름 붙였어요.

요즘 문해력이라는 말이 우리나라뿐만 아니라 세계적으로 널리 사용되며 주목받고 있답니다. 문해력은 글을 읽고 이해하는 능력이라는 뜻이에요. 한글은 누구나 쉽게 배워 익힐 수 있게 만든 문자이지요. 덕분에 우리는 쉽게 글을 읽고 쓸 수 있어요. 하지만 정작 현재 사회 교과서의 글은 그 내용이 과연 어떤 것인지 쉽게 파악하기 어려워요. 그 안에는 정치, 경제, 사회, 문화, 역사, 지리 같이 다양한 내용들을 압축해서 담았기 때문이에요. 어렵고 딱딱하게 느껴진 **사회 교과서를 여러**

분이 진짜 제대로 읽고 이해할 수 있도록 하는 '사회 문해력'을 키우는 것이 이 책의 목표예요.

실제로 이 책을 쓴 선생님들은 직접 여러분들이 학교에서 마주했던 사회 교과서와 지역 교과서 등을 집필하였고, 다채로운 수업을 열어 왔어요. 또 전국의 선생님들과 10여 년 넘게 꾸준히 모여 연구하면서, 지금 이 시간에도 여러분 또래 친구들과 함께하고 있답니다. 여러분이 이 책을 즐겁게 읽으며 생활 속 생생한 이야기로 마련된 사회 과목에 흥미를 느끼면 좋겠어요. 이 책을 벗 삼아 세상의 주인공으로 여러분이 성장하길 응원하면서 인사드립니다.

머리말 • 5

1. 환경에 따라 다른 삶의 모습

우리 고장의 환경과 생활 모습 • 13
문해력 튼튼 • 31

환경에 따른 의식주 생활 모습 • 33
문해력 튼튼 • 49

한눈에 읽는 개념 지도 • 52

2. 시대마다 다른 삶의 모습

옛날과 오늘날의 생활 모습 • 57
문해력 튼튼 • 75

옛날과 오늘날의 세시 풍속 • 79
문해력 튼튼 • 95

한눈에 읽는 개념 지도 • 98

3. 가족의 형태와 역할 변화

옛날과 오늘날의 결혼 모습 • 103
문해력 튼튼 • 115

다양한 가족이 살아가는 모습 • 119
문해력 튼튼 • 135

한눈에 읽는 개념 지도 • 140

문해력 쏙쏙 모아 보기 • 142
찾아보기 • 145
출처 및 참고 자료 • 148

1

환경에 따라 다른 삶의 모습

우리 고장의 환경과 생활 모습

주변을 한번 돌아볼까요? 어떤 것들이 보이나요? 집이라면 책상, 옷장, 컴퓨터, 냉장고 같은 물건이 보일 거예요. 학교라면 책상과 칠판, 책이 보이겠죠? 여러분은 집이나 학교라는 건물로 둘러싸여 있어요.

이제 조금 더 먼 곳을 바라볼까요? 창문이 있다면 창문 밖을 봐도 되고, 아예 건물 밖으로 나가도 좋아요. 이제 여러분은 어떤 것들에 둘러싸여 있나요? 자동차와 도로, 높은 건물이 보일 수도 있고, 산이나 너른 *평지가 보이기도 할 거예요. 커다란 강이나 넓은 바다가 보일 수도

★ 평지 높낮이가 없이 평평한 땅이에요.

있어요. 이렇게 우리를 둘러싸고 있는 주변의 모든 것들을 환경이라고 해요.

환경은 두 가지로 나눌 수 있어요. 바로, 자연환경과 인문 환경이에요. 자연환경은 들어본 적이 있지만 인문 환경은 익숙하지 않죠? 걱정 말아요. 책을 읽다 보면 쉽게 이해할 거예요.

우리에게 익숙한 자연환경부터 살펴볼까요? 자연환경은 사람의 손길이 닿지 않은 자연 그대로를 말해요. 울퉁불퉁한 산이나, 편평한 들판, 길거나 짧은 *하천, 넓은 바다 같은 땅의 생김새가 가장 대표적인 자연환경이에요.

앗, 이 정도는 알고 있었다고요? 그럼 혹시 '일기 예보'는 들어봤나요? 날씨를 미리 알려 주는 것을 일기 예보라고 해요. 일기 예보에서는 무엇을 알려 줄까요? 기온은 얼마나 높고 낮은지, 바람은 얼마나 부는지, 비나 눈이 내릴지도 알려 주죠. 이렇게 땅의 생김새뿐만 아니라 날씨와 계절에 영향을 주는 *기온, 바람, 비, 눈도 자연환경이에요.

✱ 하천 강과 시내를 말해요.
✱ 기온 공기의 온도를 뜻해요.

사람들은 자연환경을 이용해서 많은 것을 만들어 내요. 가장 대표적인 것이 도로나 다리, 건물이에요. 땅을 이용해 논을 만들기도 하고, 과일을 키우는 과수원을 만들어 사람에게 필요한 먹을거리를 *생산하기도 해요. 고기잡이배가 머물 수 있는 *항구를 만들기도 하고, 여러 가지 물건을 만들기 위해 공장을 짓기도 하지요. 이처럼 사람들이 자연환경을 이용해서 만든 환경을 인문 환경이

✴ 생산하다 사람이 살아가는 데 필요한 물건을 만들어 내는 것을 뜻해요.
✴ 항구 바닷가에 배가 드나들 수 있게 만들어 놓은 곳이에요.

라고 해요.

하지만 우리를 둘러싼 모든 환경을 둘로 구분하는 건 어려운 일이에요. 벼를 키우는 논을 예로 들어 볼게요. 논은 인문 환경이지만, 논이 있는 넓고 편평한 땅은 자연환경이에요. 하천은 자연환경이지만, 하천을 *정비하기 위해 만든 *제방은 인문 환경이지요. 물론 하천을 건너기 위해 만든 징검다리도 인문 환경이랍니다.

✱ 정비하다 도로나 시설이 기능을 제대로 할 수 있도록 정리한다는 뜻이에요.
✱ 제방 홍수나 태풍으로 강이나 바다에서 물이 넘쳐 들어오지 못하게 하려고 쌓은 언덕이에요.

어때요? 둘로 딱 잘라 구분하는 것이 쉽지 않죠? 자연환경과 인문 환경을 구분하는 것보다 더 중요한 일은 사람들이 환경을 이용해서 살아간다는 점을 아는 거예요. 주어진 자연환경에 따라 다양한 생활 모습이 나타나거든요.

👍 **문해력 쏙쏙**

 은 산과 들, 하천과 바다처럼 사람의 손길이 닿지 않은 자연 그대로를 말한다.

   이번엔 탐정 놀이를 해 볼게요. 어느 추운 겨울이었어요. 산이나 언덕은 하나도 없는 탁 트인 들 한가운데에 마을이 하나 있었어요.

   그런데 그곳에서 누군가가 마을의 보물을 훔치는 사건이 일어났어요. 조사를 해 보니 범인으로 의심되는 사람은 총 세 명이었지요. 그 사람들은 서로 자신이 범인이 아니라고 주장했어요. 세 명 중 한 명은 거짓말을 하고 있는 상황이에요. 당연히 거짓말을 하고 있는 사람이 범인이겠죠?

   자! 누가 범인일까요? 세 사람의 이야기를 들어 보고 여러분이 직접 범인을 찾아보세요.

다들 범인을 찾았나요? 맞아요. 범인은 바로 B예요. 눈썰매는 산이나 언덕 같은 내리막에서 즐기는 놀이예요. 그런데 경사진 곳 하나 없는 탁 트인 땅에서 눈썰매라니요? B가 거짓말을 하고 있는 것이 확실하네요.

방금 했던 탐정 놀이에서 알 수 있듯이 사람들의 생활 모습은 땅의 생김새에 따라 다를 수밖에 없어요. 어떻게 다른지 자세히 살펴볼까요?

들은 편평한 땅이 넓게 펼쳐져 있어요. 그래서 땅 위에 무언가를 만들기가 쉽지요. 특히 벼를 기르는 논은 물을 가두어야 하기 때문에 경사진 곳에는 만들기가 어려워요.

넓게 펼쳐진 들은 논을 만들어서 농사를 짓기에 딱 좋아요. 논이 있으면 당연히 농사와 관련된 많은 일도 할 수 있겠죠? *트랙터 같은 *농기계를 팔거나 수리하기도 하고, 농사와 관련된 기술을 연구하기도 좋아요. 또 *축사를 만들어서 가축을 기르기도 하지요.

그뿐만 아니라 들에는 도로나 건물을 만들기도 좋아요. 그래서 들이 펼쳐진 곳에는 사람들이 많이 모여 사는 도시가 발달하기도 해요.

도시에는 높은 건물과 도로, 자동차가 있고, 사람들이 일하는 공장이나 회사가 있지요. 또 많은 사람이 *여가 생활을 즐길 수 있도록 영화관이나 공연장, 박물관 등을

★ 트랙터 땅을 갈 때 사용하는 기계예요.
★ 농기계 농사지을 때 쓰는 기계를 말해요.
★ 축사 가축을 가두어 기르는 곳이에요.
★ 여가 생활 남는 시간에 즐거움을 얻으려고 스스로 선택하는 자유로운 활동이에요.

만들기도 해요.

　산은 땅에서 높게 솟아 있죠? 계곡을 따라 물이 흘러내리고, 나무가 많이 있어요. 나무로 인해 생긴 그늘에서는 버섯이나 산나물이 잘 자라요.

　산은 *비탈지기 때문에 물을 가둬 두어야 하는 논은 만

★ 비탈지다 땅이 경사가 급하게 기울어져 있는 모습이에요.

들기 어려워요. 그래서 논보다는 주로 밭을 만들어서 채소를 기르지요. 하지만 산이 많은 고장에서도 산의 일부를 깎아 계단처럼 평평한 부분을 만든 다음 계단식 논을 만들기도 해요. 또 목장을 만들어 소를 키우기도 하고, 버섯을 기르거나 산나물을 캐기도 하죠.

　산은 사람들이 여가 생활을 하기 좋은 곳이에요. 공기가 맑고, 물이 깨끗해서 자연을 즐기기 좋거든요. 사람들은 언제든 산에 오르내리기 좋게 등산로를 만들기도 해

요. 힘차게 정상에 올라 탁 트인 풍경을 보면서 숨을 들이쉬면 기분이 좋아져요. 여름에는 시원한 계곡에 가서 물놀이를 하고, 단풍이 물드는 가을에는 단풍놀이를 가기도 해요. 또 눈이 내리는 겨울에는 가파른 산 위에 만든 스키장에 가기도 해요.

바다에 가 본 적이 있나요? 우리가 먹는 물고기, 김, 오징어, 꽃게 같은 먹을거리들은 모두 바다에서 나오는 것들이에요. 바닷가에 사는 사람들 중에는 배를 타고 바다로 나가 물고기를 잡거나 김, 미역 등을 기르는 사람들이 많아요. 그래서 배가 오갈 수 있도록 항구가 필요해요. 또, 바다에서 잡은 물고기를 육지로 가져와 팔아야겠죠? 그러니 바다 근처에 수산 시장이나 횟집이 많을 수밖에 없어요. 하지만 바다가 있는 지역이라고 해서 모두가 물고기만 잡는 건 아니에요. 바다 근처에도 평평한 땅이 있어서 사람들이 논이나 밭에서 작물을 기르기도 해요.

들이나 산처럼 바다에서도 다양한 여가 생활을 즐길 수 있어요. 가장 대표적으로 *해수욕이 있지요. 바닷가에 있는 *방파제나 바위에 올라가거나 바다로 배를 타고 나가서 낚시를 즐기기도 해요. 특히 바다에서 하는 낚시는 강이나 하천보다 크고 힘이 센 물고기들을 낚을 수 있답니다.

지금까지 살펴본 것처럼 들, 산, 바다와 같은 땅의 생김새에 따라 사람들은 다양한 모습으로 살아가고 있어요. 여러분이 사는 고장의 사람들은 땅을 어떻게 이용하며 살고 있나요?

★ **해수욕** 바다에서 헤엄치거나 물놀이하는 것을 말해요.
★ **방파제** 거센 물결을 막으려고 항구에 쌓는 둑이에요.

 문해력 쏙쏙

들, 산, 바다가 같은 땅의　ㅅ　ㄱ　ㅅ　에 따라 사람들의 생활 모습이 다양하게 나타난다.

　여러분은 어떤 계절을 가장 좋아하나요? 누군가는 따스한 햇살이 퍼지고 예쁜 꽃이 피어나는 봄을 좋아할 거예요. 또 다른 누군가는 계곡이나 바닷가에서 신나게 놀 수 있는 여름을 좋아하겠죠. 선선한 바람이 살랑살랑 부는 가을은 물론이고, 새하얀 눈을 볼 수 있는 겨울을 좋아하는 사람도 있을 거예요. 참고로 선생님은 시원한 수박을 먹을 수 있는 여름을 가장 좋아한답니다. 그러고 보면 우리나라는 1년 동안 날씨가 굉장히 많이 변하죠? 어떤 때는 엄청 더우면서 비가 많이 오고, 어떤 때는 춥고, 눈이 내리기도 해요. 계절에 따라 날씨가 달라지는 거예요.
　뭔가 어려워 보이는 그림이죠? 이렇게 조사한 자료를

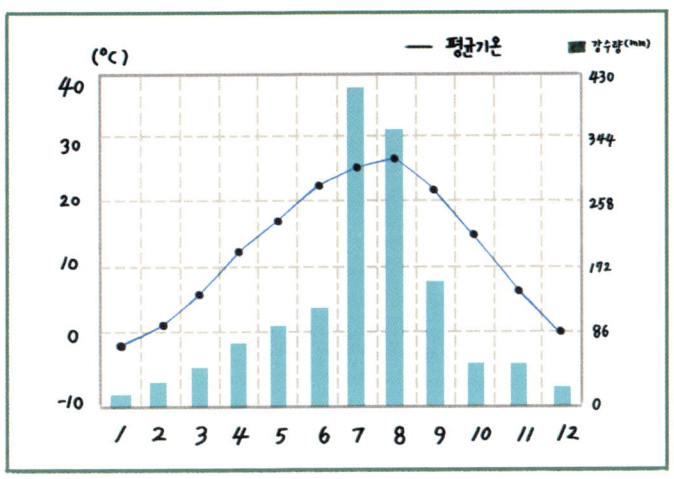

▲ 우리나라 기후 평년값 그래프(1991~2020)

직선, 막대, 그림 등으로 한눈에 알아볼 수 있도록 나타낸 것을 '그래프'라고 불러요.

그래프의 가로축은 월을 나타내요. 그 위로 선과 막대가 그려져 있죠? 선의 위치가 높거나 막대가 길수록 조사한 결과가 높거나 많게 나왔다고 생각하면 돼요. 이 그래프는 우리나라의 계절별 평균 기온과 강수량을 나타내고 있어요. 강수량은 한곳에 정해진 기간 동안 비, 눈, 우박, 안개로 내린 물의 양을 뜻해요. 그래프를 보면 여름에 기온이 매우 높고, 강수량이 많은 걸 알 수 있어요. 반대로 겨울에는 기온이 매우 낮고, 강수량이 적죠.

기온은 여러분도 잘 알고 있듯 여름에 덥고, 겨울에 추

27

운 것과 관련이 있어요. 기온이 높을수록 덥고, 낮을수록 춥거든요.

강수량을 보면 7~8월 위에 있는 막대가 엄청 길죠? 그만큼 그때 많은 비가 내린다는 뜻이에요. 이유는 두 가지예요. 바로 *장마와 *태풍 때문이지요. 우리나라는 장마와 태풍 때문에 일 년의 강수량 중 대부분이 여름에 집중되어 있어요. 반대로 겨울은 막대가 짧죠? 눈이 높게 쌓일 때도 있으니까 강수량이 많을 것 같지만, 눈이 녹아 생긴 물은 생각보다 양이 많지 않답니다.

계절마다 날씨가 이렇게 다르니 사람들의 생활 모습도 다르겠죠? 대표적으로 옷차림이 달라져요. 여름엔 바람이 잘 통하는 얇은 옷을 입어요. 소매가 짧은 옷이 더 시원한 건 당연한 이야기겠죠. 반대로 겨울엔 추위를 막기 위해 두꺼운 옷을 여러 겹 껴입어요. 너무 꽁꽁 싸매서 활동하기 불편하다고 느껴 본 적도 있을 거예요. 겨울에 입는 두꺼운 겉옷을 해가 쨍쨍 내리쬐는 8월에 입는다면

★ **장마** 여름에 여러 날 동안 비가 내리는 날씨를 말해요.
★ **태풍** 북태평양에서 생겨나 아시아로 불어오는 바람이에요. 아주 세고 큰비와 함께 와요.

어떨까요? 세상에! 생각만 해도 아찔해지네요. 아마 땀을 한 바가지 흘리고 쓰러져서 119에 전화를 해야 할지도 몰라요.

계절에 따라 사람들이 일하는 모습도 달라요. 특히 농사짓는 모습은 많이 다르지요. 벼농사는 늦봄에서 초여름 사이에 논에다 *모를 심고 가을에 *수확해요. 가을에 논이 있는 곳에 가면 잘 익은 벼가 황금빛으로 물결을 일으키는 모습을 볼 수 있어요. 겨울에는 어떨까요? 너무 추워서 벼가 자랄 수 없기 때문에 보통 논에서는 아무것도 기르지 않아요.

당연히 계절에 따라 여가 생활도 다를 거예요. 봄에는 예쁜 꽃들이 피기 시작해요. 그래서 산이나 공원으로 꽃구경을 가지요. 여름엔 날씨가 더우니까 시원한 계곡으로 놀러 가거나 바다에서 해수욕을 즐겨요. 가을엔 울긋불긋 물든 단풍을 구경하러 가고, 겨울에는 하얗게 내린 눈 위에서 스키나 썰매를 타요.

이렇게 사람들은 자연환경에 맞춰서, 때로는 자연환경

* **모** 논에 옮겨 심기 위해 다른 곳에서 기른 벼의 싹이에요.
* **수확하다** 다 익은 곡식이나 채소 같은 것을 거두어들이는 것을 말해요.

을 이용해서 다양한 모습으로 살아가고 있답니다. 여러분도 이번 방학에는 어떤 곳에서 여가 생활을 보낼지 생각해 보고 알차게 계획을 세워 보는 것은 어떨까요?

 문해력 쏙쏙

우리나라는 장마와 태풍으로 일 년의 강수량 중 대부분이 ㅇ ㄹ 에 집중되어 있다.

문해력 튼튼

● 다음 동시를 읽고 질문에 답해 보세요.

멋진 겨울날

우정태

눈 내리는 추운 겨울날은
아이들의 새로운 동화나라
한 장의 하얀 도화지 같아

비니모자 푹 눌러쓰고
벙어리장갑 꼭 끼고서
마을광장에 모인 동무들

재잘재잘 신나는 눈싸움
씨잉씽 펼치는 미끄럼틀
너도 나도 함박웃음꽃

부랴부랴 뛰노는 목소리
땀 흘리는 흥건한 발자국
아이들의 멋진 겨울날

- 동시에 나오는 아이들은 겨울의 추위를 이겨 내기 위해 어떻게 하고 있는지 동시에서 찾아 적어 보세요.

- 여름은 겨울과 반대로 매우 덥고, 비도 많이 내려요. 시인이 되어 여름철에 친구들과 함께 노는 모습을 동시로 표현해 보세요.

환경에 따른 의식주 생활 모습

    이번엔 상상 놀이를 해 봐요. 어느 날, 잠에서 깨어나니 새로운 장소에 있어요. 따스한 햇살이 여러분을 비추고 있고, 바로 옆에는 넓게 펼쳐진 바다의 잔잔한 파도가 발을 적시고 있군요.

    바다의 반대쪽에는 숲이 있어요. 열심히 사람을 불러 보지만 돌아오는 대답은 없어요. 맞아요! 여러분은 무인도에 혼자 남겨진 거예요. 절망적인 상황이군요.

    하지만 여러분은 굳센 마음으로 무인도에서 살아갈 방법을 찾기로 했어요. 사람이 살기 위해서는 무엇이 필요할까요? 갑자기 답을 생각하려고 하니 막막하겠지만 걱정하지 말아요. 이번에 나눌 이야기를 잘 따라오다 보면 자연스럽게 답을 떠올릴 수 있을 거예요.

　사람이 살아가는 데 반드시 필요한 것들이 있어요. 그중 하나는 사람의 몸을 보호하기 위해 몸에 걸치는 것이에요. 옷, 모자, 신발, 장갑, 목도리 같은 것들이죠. 이와 관련된 사람들의 생활을 <mark>의생활</mark>이라고 해요. 의생활은 자연환경에 따라 매우 다른 모습으로 나타나요.

　우리는 여름에 보통 어떤 옷을 입나요? 일단 바람이 잘 통하는 얇은 옷을 입어요. 그리고 몸의 열이 잘 빠져나갈 수 있게 긴 옷보다는 짧은 옷을 주로 입죠. 뜨거운 햇빛을 막기 위해서 얇고, *챙이 넓은 모자를 쓰기도 해요. 신발은 어떤가요? 주로 바람이 잘 통하도록 슬리퍼나 샌들을 신어요.

　반대로 겨울은 엄청 춥잖아요? 그래서 몸 안의 열이 빠져나가지 않도록 긴 옷을 입어요. 게다가 한 겹으로는 부족해서 내복, 점퍼 등 여러 겹으로 옷을 입죠. 여름엔 햇빛을 막기 위해 얇은 모자를 썼지만 겨울엔 두꺼운 모자를 써요. 그래도 추울 때엔 목도리를 하거나 장갑을 껴

★ 챙 햇볕을 가리려고 모자 끝이나 가장자리에 댄 것을 뜻해요.

요. 이렇듯 계절에 따라 사람들의 의생활은 매우 달라요.

우리나라는 사계절이 뚜렷하지만 그렇지 않은 나라도 있어요. 나라마다 계절이 다르니 자연환경도 다르겠지요? 다른 나라의 의생활은 어떤 모습일지 같이 알아봐요.

자, 퀴즈예요. 먼저 네 개의 나라의 자연환경과 옷차림을 설명할 거예요. 설명을 잘 읽고 각 나라에 해당하는 옷차림을 ❶~❹에서 골라 보세요.

사우디아라비아는 사막에 있는 나라예요. 낮에는 뜨거운 햇볕이 내리쬐고 있어요. 바람이 불면 주위에 널린 모래가 함께 날려요. 그러니 모래바람을 막을 수 있는 긴 옷을 입어야 해요. 또 머리에는 천을 둘러쓰고 뜨거운 햇빛으로부터 머리를 보호해요.

캐나다 북쪽에는 이누이트족이 살고 있어요. 북극을 떠올려 보세요. 굉장히 춥고, 눈이 많이 내려요. 그래서 이곳에서는 동물의 털과 가죽으로 만든 두꺼운 옷을 입어요.

페루는 높은 *지대에 있는 나라예요. 낮에는 따뜻하지만 밤에는 추워요. 그래서 망토 같은 것을 몸에 두르고 있다가 추워지면 담요로 사용하기도 해요.

베트남은 우리나라와 가까이 있지만 날씨는 조금 달라요. 기온이 높고, 비가 내리는 날이 우리나라보다 훨씬 많아요. 그래서 바람이 잘 통하는 긴 옷을 입고, 챙이 넓은 모자를 써요.

모두들 답을 찾았나요? 정답은 사우디아라비아 ❷번,

* **지대** 평야 지대나 산악 지대처럼 땅의 특징이 비슷하거나 같은 곳끼리 구분한 땅에요.

이누이트족 ❶번, 페루 ❸번, 베트남 ❹번이에요. 잘 맞췄어요. 정답을 찾지 못했어도 괜찮아요. 정답을 맞추는 것보다는 자연환경에 따라 의생활이 다양하게 나타난다는 사실을 아는 것이 훨씬 중요하니까요.

문해력 쏙쏙

입는 것과 관련된 사람들의 생활을 ㅇ ㅅ ㅎ 이라고 한다.

　우리가 숨을 쉬고 움직이려면 영양분이 필요해요. 문제는 이 영양분을 우리 스스로 만들어 내지 못한다는 거죠. 그래서 우리는 무언가를 먹어서 영양분을 얻고 있어요. 먹는 것과 관련된 사람들의 생활은 식생활이라고 해요. 의생활과 마찬가지로 식생활도 자연환경에 따라 다른 모습을 볼 수 있어요.

　예를 들어 산이 많은 고장인 강원도를 살펴볼게요. 강원도는 전체 땅의 80%가 *산지로 되어 있어요. 산이 많고, 날씨가 서늘해서 밭농사를 주로 짓지요. 밭에서 나는

＊산지 산이 많은 지역이에요.

대표적인 먹을거리는 감자예요. 그래서 만들어진 강원도의 전통 음식이 바로 감자 옹심이지요. 감자 옹심이는 감자를 갈아서 작은 *새알심처럼 반죽을 빚고, 수제비처럼 끓여 먹는 음식이에요. 옹심이는 새알심의 강원도 *방언이고요. 굉장히 쫀득쫀득해서 씹는 재미가 있는 음식이에요.

전라북도, 특히 전주 근처에는 넓은 들판이 있어요. 바로 '김제 평야'예요. 김제에서는 '지평선 축제'라는 지역 축제를 열기도 해요. 해가 지는 서쪽에 산이 없어서 편평한 땅으로 해가 지는 모습을 볼 수 있거든요. 넓은 평야가 있는 김제는 예로부터 이 땅을 이용해서 논농사를 크게 지었어요. 그러니 쌀을 쉽게 구할 수 있었죠. 게다가 전라북도의 한쪽으로는 산지가 있어서 채소와 산나물을 쉽게 구할 수 있었어요. 또 전라도는 고추장이나 간장,

★ 새알심 팥죽 따위에 넣어 먹는 새알만 한 덩이를 말해요.
★ 방언 어느 한 지역에서만 쓰는 말이에요. 사투리라고도 해요.

된장 등 장맛이 좋기로 유명하지요. 그래서 생긴 대표적인 음식이 바로 '전주비빔밥'이에요. 질 좋은 쌀과 채소, 고추장 덕분에 우리나라의 비빔밥 중에 최고로 인정받고 있어요. 전주비빔밥은 세계적으로 한국을 대표하는 음식 중 하나예요.

바다의 먹을거리 하면 어떤 것이 떠오르나요? 아마 많은 사람들이 물고기를 떠올릴 거예요. 이번에 소개할 음식은 제주도의 '옥돔 구이'예요. 제주도는 바다로 둘러싸인 섬이에요. 그래서 예로부터 해산물을 이용한 음식을 많이 먹었어요. 그중 옥돔이라는 물고기를 반쯤 말린 후에 구워 낸 옥돔 구이는 임금님께 바쳤을 정도로 맛이 좋았다고 해요.

다른 나라의 예도 한번 살펴볼까요? 먼저 일본은 국토가 모두 바다로 둘러싸인 섬이에요. 회와 생선을 즐겨 먹는 것으로 유명하지요. 일본 하면 가장 먼저 떠오르는 음식이 스시이기도 하고요.

몽골은 건조한 날씨에 초원과 사막이 많아서 야채나 과일을 거의 찾아보기 힘들어요. 대신에 가축을 기르며 우유로 만든 유제품과 고기를 주로 먹지요.

땅의 모양뿐만 아니라 날씨에 따라서도 다양한 식생활이 나타나요. 대표적인 예로 파인애플, 바나나, 망고 같은 열대 과일이 있어요. 열대 과일은 날씨가 굉장히 덥고 습한 고장에서 잘 자라기 때문에 우리나라에서는 기르기가 쉽지 않아요. 그래서 우리가 먹는 대부분의 열대 과일은 사실 다른 나라로부터 사들여 온 것이랍니다.

 문해력 쏙쏙

먹는 것과 관련된 사람들의 생활을 ㅅ ㅅ ㅎ 이라고 한다.

지금까지 사람이 살아가는 데 꼭 필요한 세 가지 중 두 가지인 의생활과 식생활에 대해 알아봤어요. 이제 마지막으로 한 가지가 남았는데 과연 무엇일까요?

맞아요. 바로 집이에요. 집이 없다면 비가 오거나, 날씨가 추울 때 우리의 몸을 보호할 수 없겠죠? 야생 동물이 많던 예전에는 목숨을 위협받기도 했을 거예요. 그래서 사람은 안전하고 편안하게 쉴 수 있는 공간이 필요해요. 이와 관련된 사람들의 생활을 주생활이라고 해요.

요즘에는 기술이 워낙 발달해서 자연환경과 상관없이 집의 모양이 비슷해졌어요. 예를 들어 아파트는 들, 산, 바다 어디에서나 볼 수 있는 집의 모양이에요. 특히 우리나라는 도시에 많은 사람들이 모여 살기 때문에 아파트가 많은 편이에요.

아파트 외에도 한 건물에 여러 가정이 살 수 있는 *연립 주택이나 한 건물에 한 가정만 살고 있는 *단독 주택도 오늘날 쉽게 볼 수 있는 집의 모양이에요. 참고로 아파트나 연립 주택은 모두 한 건물에 여러 가정이 살 수 있는 집인데, 5층보다 낮은 건물은 연립 주택, 그보다 높은 건물은 아파트라고 생각하면 돼요.

하지만 옛날에는 자연환경에 따라 집의 재료와 모양이 다른 경우가 많았어요. 이번에도 퀴즈를 내 볼게요. 설명을 먼저 읽고, 집의 생김새를 상상해 보세요.

먼저 '터돋움집'이라고 하는 집이에요. 우리나라는 여름철에 비가 굉장히 많이 온다고 했죠? 그래서 땅의 높이가 낮은 곳에는 홍수가 나기도 해요. 그러면 집에 물이 가득 차겠죠. 이럴 땐 집을 어떻게 만들면 좋을까요?

두 번째는 겨울에 특히 눈이 많이 오는 곳에 있는 집이에요. 바로 울릉도인데요. 동해에 있는 섬, 울릉도는 겨

✱ 연립 주택 한 채에 여러 가족이 살 수 있게 지은 집이에요.
✱ 단독 주택 한 채씩 따로따로 지은 집이에요.

울철에 눈이 많이 와서 허리 높이까지 쌓이기도 해요. 만약 눈이 너무 많이 와서 집을 덮어버린다면 문밖으로 나갈 수가 없겠죠? 그래서 울릉도에 살던 사람들은 '우데기'라는 걸 지었다고 해요. 우데기는 바람이나 눈, 비를 막기 위해 집의 바깥쪽에 지붕의 *처마 끝에서부터 땅에 닿는 부분까지 둘러치는 벽이에요.

마지막이에요. 옛날 사람들이 주로 살던 집하면 어떤 집이 떠오르나요? 보통 초가집이나 기와집을 떠올릴 거예요. 초가집의 지붕은 주로 *볏짚이나 갈대라는 풀을 엮어서 만들어요. 볏짚은 논농사를 지으면 쉽게 구할 수 있고, 갈대는 하천이나 호수 주변에서 얻을 수 있어요.

그러면 논이 거의 없는 산에서는 무엇으로 지붕을 만들었을까요? 다행히 산속에는 볏짚이나 갈대를 대신할 재료가 많았어요. 바로 돌과 나무지요. 얇은 돌과 나뭇조각을 이용해서 지붕을 얹은 집을 '너와집'이라고 해요.

각각의 자연환경에 어울리는 집은 어떤 모습일지 생각해 봤나요? 그러면 다음 그림에서 골라 보세요.

★ **처마** 지붕이 벽이나 기둥 밖으로 나온 부분이에요.
★ **볏짚** 벼에서 쌀을 떨어낸 줄기를 말해요.

　이제 정답을 공개할게요. 먼저 터돋움집은 ❷번이에요. 사람들은 홍수를 피하기 위해 *집터를 주변 땅보다 높게 올려서 집을 지었어요. 그러면 홍수가 나도 집은 안전하겠죠?

　우데기집은 ❶번이에요. 우데기집은 집 주변에 우데기라는 껍데기를 씌웠다고 생각하면 이해하기 쉬워요. 이

★ 집터 집이 있던 자리 또는 집을 지을 자리를 말해요.

렇게 하면 집 안으로 눈이 들어오는 걸 막을 수 있어요.

마지막으로 너와집은 ❸번이에요. 산속에서 볏짚은 구하기 어렵지만 나무는 굉장히 많잖아요? 그래서 지붕에 나뭇조각을 얹어 집을 지었어요.

이렇게 우리나라 안에서도 땅의 생김새와 계절, 날씨에 따라서 집의 모습이 다양하게 나타나요. 세계의 여러 나라도 마찬가지예요.

앞에서도 언급한 이누이트족은 매우 춥고 눈이 많이 내리는 곳에 살아요. 사냥을 하면서 쉬기 위해 '이글루'라는 집을 만들었어요. 아마 여러분도 겨울에 눈을 뭉쳐서 작은 이글루를 만들어 본 적이 있을 거예요.

터키에는 화산 폭발이 있었던 지역이 있는데, 그곳의 바위는 단단하지 않아서 사람들이 동굴을 만들어서 생활했어요. 지금은 그곳을 호텔로 꾸며서 운영하기도 해요.

지금까지 사람들이 살아가는 데 꼭 필요한 세 가지를 알아봤어요. 몸을 보호하기 위한 의생활, 영양분을 얻기 위한 식생활, 안전하고 편안하게 쉬기 위한 주생활이죠. 우리는 이 세 가지를 통틀어 의식주 생활이라고 해요.

땅의 생김새나 계절, 날씨와 같은 자연환경은 사람들의 의식주에 많은 영향을 주고 있어요. 자연환경이 다양한 만큼 사람들의 살아가는 모습도 다양할 수밖에 없겠지요?

👆 문해력 쏙쏙

몸을 보호하기 위한 의생활, 영양분을 얻기 위한 식생활, 안전하고 편안하게 쉬기 위한 주생활을 통틀어  이라고 한다.

문해력 튼튼

● 다음 영화 줄거리를 읽고 질문에 답해 보세요.

무인도에서 살아남기

국제적인 택배 회사 '페덱스(Fedex)'의 직원인 척 놀랜드. 그는 늘 시간에 쫓겨 일하느라 정작 사랑하는 여자 친구 캘리 프레어스와 함께할 시간은 부족하다. 크리스마스 이브에 캘리와의 데이트를 하던 도중 회사에서 그를 찾는 호출이 오고, 척은 어쩔 수 없이 연말에 만날 것을 약속한 후 캘리를 두고 회사로 향한다.

캘리가 선물한 시계를 챙긴 척은 말레이시아로 가는 *화물 비행기에 몸을 실었다. 하지만 그날따라 날씨는 무척 안 좋았고, 결국 경로에서 멀리 벗어난 비행기는 *착륙하기 직전 폭발 사고가 일어나 바다로 떨어진다.

바다에 *표류하던 척은 어느 섬에 도착하게 된다. 푸른 해변, 나무가 우거진 숲, 거친 절벽. 척은 이곳이 무인도라는 사실을 깨닫고 좌절한다. 하지만 사랑하는 캘리와 다시 만날 수 있을 거라는 희망을 간직한 채 4년이라는 시간을 무인도에서 보내게 된다.

문해력 튼튼

　자그마치 1,500일이나 되는 시간을 버틴 척. 어느 날 바다에 떠밀려 온 알루미늄 판자를 발견한다. 그는 이 알루미늄 판자로 뗏목을 만들고, 4년 만에 비로소 무인도를 탈출하기로 결심한다.

★ 화물 자동차나 기차, 배, 비행기로 실어 나르는 큰 짐이에요.
★ 착륙하다 비행기가 하늘에서 땅으로 내리는 것을 말해요.
★ 표류하다 물 위에 떠서 이리저리 흘러가는 모습이에요.

- 척을 둘러싼 자연환경은 어떠한가요? 그곳에서 척은 무엇을 입고, 무엇을 먹고, 어디에서 잠을 잤을지 말해 보세요.

- 여러분이 무인도에 혼자 떨어졌다고 상상해 보고, 지금 가장 필요한 것은 무엇일지 세 가지를 골라 적어 보세요.

한눈에 읽는 개념 지도

2

시대마다 다른 삶의 모습

옛날과 오늘날의 생활 모습

맛있는 라면을 끓이려면 무엇이 필요할까요? 일단 가스레인지나 전기 포트가 있어야 해요. 라면을 끓일 냄비와 덜어 먹을 그릇도 필요하겠죠. 젓가락과 숟가락은 당연히 있어야 하고요. 뜨거운 냄비를 옮길 수 있는 주방 장갑도 필요할 거예요. 라면 하나를 끓이는 데도 이만큼 다양한 도구가 필요해요.

도구는 어떤 일을 할 때 사용하는 물건이에요. 사람의 타고난 신체 능력만으로 할 수 없는 일을 하거나 조금 더 편하게 일하기 위해서는 도구가 필요해요. 특히 사람들이 생활하는 데 필요한 여러 가지 물건을 생활 도구라고 해요.

아주 먼 옛날, 사람들은 자연에서 얻은 도구로 생활했어요. 동물을 사냥하거나 주변에 있는 풀과 열매를 채집하여 옷과 음식을 얻었고, 추위와 동물들의 공격을 피하고자 동굴이나 바위 그늘을 찾아 옮겨 다니며 살았지요. 그리고 돌을 깨뜨려 만든 도구를 사용했는데, 돌에서 떼어 냈다고 해서 뗀석기라고 불러요. 석기는 돌로 만든 도구라는 뜻이에요. 돌로 만든 도구를 사용한 시대를 석기 시대라고 부르는데, 특히 뗀석기를 사용했던 시대를 구석기 시대라고 해요.

떼석기는 돌을 깨뜨려서 만든 도구였기 때문에 제각각 다른 모양을 가지고 있었어요. 옛날 사람들은 떼석기를 각각의 모양에 어울리는 일에 사용하려고 했어요. 어떤 것은 동물의 가죽을 벗겨 손질할 때 쓰고, 또 어떤 것은 가죽에 구멍을 뚫거나 옷감을 만들 때 사용했지요. 오늘날에는 쓰임에 따라 떼석기를 긁개, 찍개, 뚜르개 등의 이름을 붙여 부르고 있어요. 여러 가지 용도로 사용할 수 있는 주먹도끼도 있고요. 나무로 만든 도구도 사용했지만, 몇 십만 년이 지난 오늘날에는 흔적이 거의 남아 있지 않아요.

시간이 흐르고, 사람들은 점차 먹을거리를 찾아 강이나 바다에 모여 살았어요. 물고기와 조개를 잡기도 하고, 농사를 지으며 가축을 길렀지요. 이전보다 더 좋은 도구가 필요했던 사람들은 돌을 갈아서 사용하기 시작했어요. 이를 간석기라 하고, 간석기를 사용했던 이 시기를 신석기 시대라고 해요.

신석기 시대의 사람들은 돌과 나무 외에 동물의 뼈를 다듬어 낚시 도구를 만들기도 하고, 흙을 빚어 불에 구워 그릇을 만들기도 했어요. 이러한 그릇은 흙으로 만들었다고 해서 '토기'라고 불러요. 특히 빗살무늬 토기가 많이 알려져 있는데, 무늬가 빗으로 새긴 모양 같아서 '빗살무늬 토기'라고 불러요. 주로

음식을 만들거나 저장하는 데 사용했지요.

점차 옛날 사람들은 자연에서 얻은 도구 말고도 청동 같은 금속으로 필요한 도구를 직접 만들어 사용하기 시작했어요. 청동은 구리에 주석이나 아연이라는 *광물을 섞은 것인데 누런빛으로 반짝이지만 시간이 지나면 녹이 슬어 푸른빛을 띠게 돼요. 청동을 도구로 사용하기 시작한 시기를 청동기 시대라고 해요.

하지만 청동으로 만든 도구는 아무나 가질 수 없었어요. 재료를 구하기도 힘들고, 만드는 일 자체가 힘들었기 때문이에요. 그래서 장신구나 제사 도구를 만드는 데 주로 쓰였어요. 일상적으로 사용하는 *농기구나 생활 도구는 여전히 돌과 나무로 만들었지요.

✱ 광물 금, 은, 철, 석탄처럼 땅속에 묻혀 있는 물질을 뜻해요.
✱ 농기구 농사짓는 데 쓰는 도구로 호미, 낫, 쟁기 같은 것들이 있어요.

시간이 흐르고, 사람들은 청동보다 더 단단한 금속을 찾아냈어요. 바로 철이에요. 철로 생활 도구를 만들어 사용한 시기를 철기 시대라고 해요. 철은 청동보다 훨씬 단단해서 무기나 생활 도구, 특히 농기구를 만드는 데 널리 쓰였어요. 철로 만든 농기구로 농사를 짓기 시작하면서 더 많은 농작물을 얻을 수 있었고, 일도 한결 편해졌어요. 그뿐만 아니라 철로 만든 무기를 먼저 사용한 나라는 전쟁에서 이기고 더 강한 나라가 되었어요. 철은 현재까지도 도구를 만들 때 많이 사용하는 금속이에요. 어떻게 보면 지금도 철기 시대의 *연장선에 있다고 볼 수도 있겠네요.

★ 연장선 어떤 일이나 현상이 계속하여 이어지는 것을 말해요.

 문해력 쏙쏙

사람들이 생활하는 데 필요한 여러 가지 물건을 ㅅ ㅎ ㄷ ㄱ 라고 한다.

　우리나라 사람들의 *주식은 무엇일까요? 맞아요, 바로 밥이에요. 벼농사를 지어 수확한 쌀로 밥을 지어 먹지요. 책이나 텔레비전에서 벼농사를 하는 장면을 본 적이 있을 거예요. 사람들은 직접 괭이나 낫을 들고 농사를 짓기도 하고, 트랙터나 *콤바인과 같은 농기계를 사용하여 농사를 짓지요. 그런데 이런 농기계가 없던 옛날 사람들은 어떻게 농사를 지었을까요?

　옛날에는 돌로 만든 도구를 사용해 농사를 지었어요. 돌을 나무에 연결해 돌괭이를 만들어 땅을 갈고, 반달돌칼로

✱ **주식** 밥이나 빵과 같이 식사 때 주로 먹는 음식을 뜻해요.
✱ **콤바인** 곡식을 수확할 때 사용하는 기계예요.

잘 익은 곡식을 수확했지요.

그러다가 금속으로 도구를 만들어 사용하기 시작하면서 농기구도 철로 만들기 시작했어요. 돌보다 훨씬 날카롭고 튼튼한 농기구를 만들 수 있었지요. 그 덕분에 돌로 만든 농기구를 사용했을 때보다 한 사람이 농사지을 수 있는 땅의 넓이가 커졌어요. 그러니 자연스럽게 땅에서 나오는 수확물의 양도 늘어났고요. 농기구의 발달뿐만 아니라 소를 이용해 밭을 가는 등 농사짓는 기술이 발전한 것도 수확물의 양이 늘어나는 데 큰 역할을 했어요.

오늘날에는 농사를 짓는데 트랙터와 콤바인과 같은 기

계를 사용할 수 있어서 한 사람이 농사지을 수 있는 땅이 더 넓어졌고, 수확하는 곡식의 양도 크게 늘어났어요. 다양한 기계 덕분에 과거에 비해 쉽고 편리하게 논이나 밭을 만들 수 있게 되었지요.

미래에는 농사짓는 도구가 어떻게 발달할까요? 한번 상상해 보세요.

👍 **문해력 쏙쏙**

돌을 도구로 사용한 시대에는 돌을 나무에 연결해 돌괭이를 만들어 땅을 갈고, ㅂㄷ ㄷㄱ 로 잘 익은 곡식을 수확했다.

한겨울에 따뜻한 외투가 없다면 어떨까요? 배가 너무 고픈데 먹을거리가 하나도 없다면 우리는 살 수 있을까요? 사람이 살아가는 데 반드시 필요한 의식주를 갖추기 위해서는 도구가 필요해요. 우리의 생활을 더 편리하게 도와주는 도구가 어떻게 변해 왔는지 옷을 만드는 도구부터 차근차근 살펴볼게요.

구석기 시대에 살던 사람들은 동물의 가죽이나 풀잎 등으로 옷을 만들어 입었어요. 그러다가 신석기 시대가 되면서 가락바퀴 같은 도구를 활용하기 시작했지요. 가락바퀴는 식물의 줄기를 꼬아 실을 만드는 도구예요. 그렇게 만든 실은 뼈바늘에 꿰어 동물의 가죽으로 옷을 만드

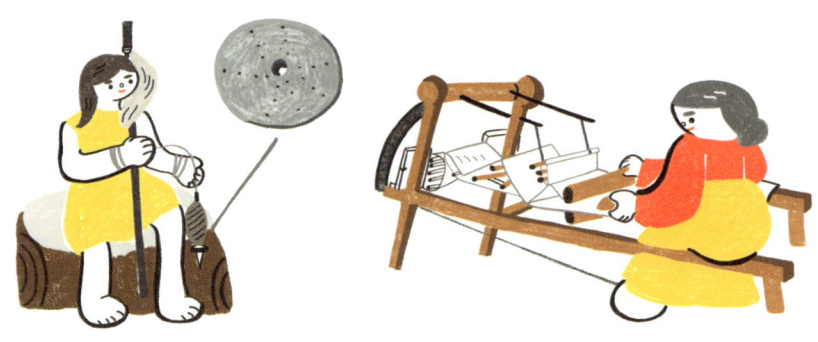

는데 사용했어요.

바늘을 만드는 재료는 금속으로 바뀌었고, 베틀이라는 기계를 만들어 실을 서로 엮어서 옷감을 만들었어요.

오늘날에는 방직기와 재봉틀 같은 기계를 이용해 옛날보다 더욱 편리하게 옷을 만들고 있어요. 방직기는 천을 짜는 기계를 말해요. 베틀과 기능은 비슷하지만 베틀이 사람의 손과 발을 움직여 기계를 움직였다면, 방직기는 전기를 이용해 움직인다는 점이 달라요. 비슷한 말로 방적이 있는데, 방적은 실을 만드는 과정 자체를 뜻하는 말이에요.

오늘날에는 바느질할 때 바늘뿐만 아니라 기계인 재봉틀도 많이 사용해요. 아무래도 바늘보다는 더욱 빠르고 정확하게 바느질을 할 수 있으니까요.

우리가 의식주라는 표현을 많이 사용하지만, 사실 옛날 사람들에게 가장 중요한 것은 옷이나 집보다 먹는 일이었어요. 먹을거리는 사람의 생명과 직접적으로 관련이 있기 때문이죠. 그렇다면 옛날 사람들은 어떤 도구를 사용해 음식을 만들었을까요?

구석기 시대에는 사냥을 하거나 나무에서 열매를 따서 먹을거리를 얻었어요. 그러다가 먹을거리가 떨어지면 다

른 곳으로 이동했고요. 신석기 시대가 되자 사람들은 땅에 씨를 뿌리면 먹을거리를 얻을 수 있다는 사실을 알게 되었어요. 그 후로 한곳에 머물러 가축을 기르고 농사를 지으며 살기 시작했지요.

농사를 짓고 가축을 기르며 살다 보니 자연스럽게 음식을 만드는 도구도 점점 발달했어요. 사람들은 신석기 시대 즈음부터 토기를 만들고, 물과 조개를 넣고 끓여 따뜻한 국물 음식을 만들었던 것으로 보여요. 시루를 만들어 구멍에서 올라오는 뜨거운 김으로 음식을 쪄 먹기도 했지요.

철로 도구를 만들기 시작하면서부터는 가마솥을 만들고, 지금 우리가 흔히 먹는 밥과 같은 음식을 만들어 먹었어요. 요즘에는 대부분 전기밥솥을 사용해 쉽고 빠르게 밥을 지어 먹지만, 여전히 가마솥과 시루를 사용하는 곳도 있어요.

👆 문해력 쏙쏙

구석기 시대에 살았던 사람들은 동물의 가죽이나 풀잎 등으로 옷을 만들어 입었다. 그러다가 신석기 시대가 되면서 ㄱ ㄹ ㅂ ㅋ 같은 도구를 활용해 옷을 만들기 시작했다.

 여러분은 집이 아닌 동굴이나 바위 그늘에서 사는 자신의 모습을 상상해 본 적 있나요? 지금은 상상하기 어렵겠지만 구석기 시대에는 먹을거리를 찾아 옮겨 다녔기 때문에 동굴이나 바위 그늘에 살아야만 했어요. 굳이 좋은 집을 만들 필요가 없었던 것이지요. 집을 짓더라도 식물의 줄기나 동물의 뼈, 가죽을 사용해 지었기 때문에 지금처럼 오래 머물 수 있는 튼튼한 집은 아니었어요.

 농사를 짓기 시작하는 신석기 시대에는 점차 땅을 파서 기둥을 세우고 그 위에 풀과 짚을 덮어 만드는 움집이 등장했어요. 사람들이 한곳에 자리를 잡고 살게 된 것이지요. 이때부터 땅을 파지 않고 짓는 집들이 등장했어요.

예를 들면 통나무를 사용해 이전보다 튼튼하게 지은 *귀틀집이 있어요.

시간이 흐름에 따라 집의 모습도 변화하여 옛날을 배경으로 한 드라마에서 자주 볼 수 있는 초가집이나 기와집과 같은 형태의 집도 등장했어요. 생활 방식도 하나의 방에서 모든 활동을 다 하는 방식에서, 점차 공간을 여러 개로 나누어 용도에 맞게 사용하는 형태로 바뀌었어요.

✽ 귀틀집 통나무를 우물 정(井)자 모양으로 귀를 맞추고 벽을 만든 후 지붕을 이은 집이에요.

물론 오늘날에도 초가집이나 기와집이 남아 있긴 해요.

오늘날 집은 나무와 흙을 사용해 지었던 과거와 달리 주로 철근과 시멘트를 사용해 지어요. 도시의 발달로 좁은 땅에 많은 사람들이 함께 살 수 있게 여러 층으로 높게 짓는 아파트도 흔히 볼 수 있어요.

옛날에는 추위를 이겨 내는 방법도 오늘날과 달랐어요. 옛날 사람들은 온돌이라는 것을 사용해 추운 겨울을 따뜻하게 보냈어요. 온돌은 아궁이에 *땔감을 넣고 불을 피워 그 열기로 방바닥 아래에 깔아 놓은 *구들장을 따뜻하게 데우는 방식이었어요. 불을 피우며 생긴 연기는 바로 굴뚝으로 빠져나가기 때문에 방 안의 공기는 깨끗하게 유지할 수 있었어요.

오늘날에도 온돌을 사용하는 곳이 있긴 하지만, 주로 보일러를 사용해 방바닥 아래에 있는 관으로 따뜻한 물을 보내는 방식으로 추위를 이겨내고 있답니다.

★ **땔감** 불을 때는 데 쓰는 나무나 연탄을 말해요.
★ **구들장** 온돌을 만들 때 방바닥에 까는 얇고 넓은 돌을 말해요.

👉 **문해력 쏙쏙**

농사를 짓기 시작하는 신석기 시대에는 땅을 파서 기둥을 세우고 그 위에 풀과 짚을 덮어 만드는 이 등장했다.

문해력 튼튼

● 다음 글을 읽고, 질문에 답해 보세요.

고려 사람들은 겨울에 어떤 옷을 입었을까

*고려 시대 말에 나랏일을 하던 문익점은 지금의 중국 땅에 있던 원나라에 *사신으로 갔어요. 당시 원나라와 고려는 사이가 좋지 않았어요. 원나라는 고려를 힘으로 누르고, 사사건건 간섭하던 나라였고, 고려의 왕은 원나라에 저항하며 맞서던 상황이었죠. 그런 상황에서 원나라에 간 문익점은 *누명을 쓰고 운남이라는 곳으로 *유배를 가게 되었어요.

문익점이 도착한 운남 지방에는 목화밭을 어렵지 않게 볼 수 있었어요. 당시 원나라에서는 목화에서 실을 뽑아 만든 무명천으로 겨울에 두꺼운 옷을 지어 입었지요. 문익점은 목화밭을 보고 고려의 백성들을 떠올렸어요.

'아아, 고려의 백성들은 추운 겨울에도 거친 베나 모시옷을 겹쳐 입으며 추위에 벌벌 떨고 있는데……'

고려도 원나라에서 무명천을 *수입해 옷을 지어 입기는 했지만 값이 너무 비싸 평범한 백성들은 입을 수 없었지요.

'백성들을 위해 내가 할 수 있는 일은 없을까?'

문익점은 목화씨를 고려에 가져가야겠다고 결심했어요. 당시 원나라에서는 목화씨를 가져가는 것을 딱히 금지했던 것도 아니었기 때문에 씨앗을 어렵지 않게 구할 수 있었지요. 유배에서 풀려난 문익점은 목화씨 몇 개를 가지고 고려로 돌아갔어요. 그리고는 장인어른이었던 정천익에게 목화씨를 보여 주었어요.

"목화씨군. 고려에서도 목화씨를 심고 재배할 수만 있다면 분명 백성들도 무명천으로 만든 옷을 입을 수 있을 텐데!"

"맞습니다, 장인어른. 이 씨앗이 고려의 백성들에게도 따뜻한 겨울을 선물해 줄 겁니다."

문익점은 정천익과 상의하여 목화씨를 텃밭에 심었어요. 사실 목화는 원래 1년 내내 따뜻한 열대 기후에서 잘 자라는 작물이라 고려 땅에서 재배하기란 쉽지 않았어요. 두 사람은 실패를 거듭하였지만, 온갖 정성을 들인 끝에 결국 목화 재배에 성공하였고, 새하얀 목화를 거둘 수 있었지요. 그리고 몇 년 후 고려에서는 전국적으로 목화를 심을 수 있었다고 해요. 이러한 문익점과 정천익의 노력 덕분에 고려의 백성들도 겨울에 따뜻한 무명옷을 입고 추위를 이겨 낼 수 있었어요.

✽ 고려 918년에 왕건이 개성에 도읍을 정하고 세운 나라예요.
✽ 사신 임금의 명령으로 다른 나라에 가는 신하를 부르는 말이에요.
✽ 누명 잘못이 없는데도 억울하게 뒤집어쓰는 죄나 허물을 뜻해요.
✽ 유배 옛날에 죄지은 사람을 먼곳으로 보내 살게 하던 벌이에요.
✽ 수입하다 다른 나라에서 물건을 사들이는 것을 말해요.

● 고려의 백성들이 목화솜으로 만든 옷으로 겨울을 따뜻하게 날 수 있도록 목화 재배에 노력을 기울였던 두 인물은 누구인지 찾아 써 보세요.

● 문익점이 고려에 목화씨를 가져와 목화를 기를 수 있게 된 이후 고려 사람들의 생활은 어떻게 변했을지 적어 보세요.

옛날과 오늘날의 세시 풍속

    여러분 혹시 신발 귀신 이야기를 들어본 적 있나요? 귀신 이름 치고는 꽤 귀여운 이름이죠? 신발 귀신은 *정월 초하루나 *정월 대보름 밤에 사람들이 사는 마을에 내려와 사람들의 신을 신어 보고 자기 발에 맞는 것을 신고 간다는 귀신이에요. 사람들이 새해를 지내느라 힘들어서 깊이 잠든 사이 신발을 훔쳐 가지요. 이때 훔쳐 간 신발의 주인은 일 년 동안 운이 안 좋다고 믿어 신발을 방 안에 숨기고 밖에는 *체를 걸어 두었다고 해요. 한 해의 운

✴ **정월 초하루** 정월이 음력 1월이므로, 음력 1월 1일을 뜻해요.
✴ **정월 대보름** 보름은 음력 15일을 의미하므로, 음력 1월 15일을 뜻해요.
✴ **체** 가루를 곱게 치거나 액체를 거르는 데 쓰는 기구예요.

이 신발에 달려 있다니 정말 재밌죠?

신발 귀신이 찾아오는 <mark>설날</mark>이나 <mark>정월 대보름</mark>은 새해를 맞이하는 날이기 때문에 무척 중요한 날이에요. 특히 *음력 1월 1일은 우리나라에서 가장 큰 *명절로, 설날이라고

* 음력 달의 모양 변화를 기준으로 하여 날짜를 세는 방법을 말해요.
* 명절 설날처럼 해마다 일정하게 지키고 즐기거나 기념하는 때를 말해요.

부르지요. 오늘날에는 *양력 1월 1일도 새로운 설날이라고 하여 쉬는 날로 정하였지만 과거의 전통 때문인지 음력 1월 1일을 훨씬 큰 명절로 생각하는 분위기예요. 명절에는 *차례를 지내기도 하고, 멀리 떨어져 사는 친척들과 만나 안부를 나누기도 해요.

여러분은 어떤 명절을 가장 좋아하나요? 선생님은 설날을 가장 좋아했어요. 학교에 가지 않아도 되는 날이니까요! 게다가 *설빔을 입고 *세배를 하면 친척들에게 세뱃돈도 받을 수 있었거든요. 요즘에는 설빔을 잘 입지 않지만 설빔을 입는 것에는 새해를 맞이하면서 오래된 것을 다 털어 내고, 새로운 출발을 한다는 의미가 있어요.

이렇게 해마다 일정한 시기에 되풀이되는 다양한 생활 모습을 세시 풍속이라고 해요. 왠지 어렵게 들리는 단어지요? 어떤 뜻인지 자세하게 설명해 줄게요.

세시는 흔히 말하는 1월부터 12월까지의 달이나 계절에 따른 때, 또는 한 해(1년)의 절기를 뜻해요. 절기는 한

★ 양력 해의 위치를 기준으로 하여 날짜를 세는 방법이에요.
★ 차례 설날이나 추석 같은 명절에 조상에게 올리는 제사예요.
★ 설빔 설날에 새로 사서 입거나 신는 옷, 신발을 말해요.
★ 세배 새해를 맞이하여 웃어른께 안부를 여쭙는 인사예요.

해를 스물넷으로 나눈 것으로 24절기라고 부르기도 해요. 팥죽을 먹는 날로 알려진 동지도 24절기에 속하지요.

==풍속==은 옛날부터 전해 내려오는 생활 모습이나 습관이에요. 해마다 설날이라는 시기가 오면 윷놀이라는 놀이를 하잖아요? 그럼 윷놀이는 설날의 세시 풍속인 거예요. 윷놀이는 4개의 윷가락을 던지고 그 결과에 따라 윷판에서 말을 옮겨 승부를 겨루는 놀이예요. 요즘으로 치면 보드게임이라고 할 수 있지요. 옛날에는 윷놀이를 하며 *운세를 점치기도 했지만 오늘날에는 재미로 하거나 전통 놀이를 체험한다는 목적으로 하는 경우가 많아요.

한 해의 복을 받기 위해 설날 새벽에 복조리를 벽에 걸어 두는 것도 설날의 세시 풍속이었어요. 요즘에는 거의 찾아볼 수 없지만요. 참, 조리는 쌀을 *이는 도구인데 새해 첫 날에 걸어 두는 조리를 특별히 복조리라고 불렀어요. 그 해의 행복을 쌀알과 같이 담아낸다는 믿음에서 생겨난 풍속으로 보여요.

복조리를 걸어 두는 것처럼 오늘날 사라지고 있는 풍

* **운세** 운명이나 행운이 닥쳐오는 기세예요.
* **일다** 곡식을 물이 든 그릇에 넣고 흔들면서 돌을 가려내는 것을 말해요.

속도 있지만, 지금까지 계속 이어져 내려오는 풍속도 있어요. 바로 떡국을 먹는 거예요. 설날에 떡국을 먹는 것은 여러 가지 이유가 있어요. 먼저 맑은 물에 흰 떡을 넣어 먹어 몸과 마음을 깨끗하게 하고 한 해를 시작하자는 의미가 있어요. 떡국에 사용하는 긴 가래떡처럼 오래오래 살자는 의미도 있고요. 또 가래떡을 엽전 모양으로 썰어 넣은 떡국을 먹고 재산이 불어나길 바란다는 의미도 있어요.

문해력 쏙쏙

해마다 일정한 시기에 되풀이되는 다양한 생활 모습을 ㅅ ㅅ ㅍ ㅅ 이라고 한다.

　혹시 '신윤복'이라는 화가를 들어 본 적 있나요? 조선 시대를 대표하는 화가인데, 특히 〈단오풍정〉이라는 그림이 유명해요. 선생님은 이 그림을 보기 위해 미술관 앞에서 세 시간을 넘게 기다린 적도 있어요. 〈단오풍정〉을 보려는 사람들이 미술관 밖까지 줄을 서서 기다렸거든요. 이 그림에는 우리나라의 봄여름을 대표하는 명절 가운데 단오의 세시 풍속이 잘 표현되어 있어요. *창포물에 머리를 감으며 몸을 씻고, 그네를 타며 즐거운 시간을 보내고 있는 여인들이 눈에 들어와요.

★ 창포　늪이나 개울가, 연못가에 자라는 풀이에요. 뿌리, 줄기, 잎에서 향기가 나요.

단오는 음력 5월 5일이에요. '단'은 처음 즉, 첫 번째를 뜻하고 '오'는 다섯이라는 뜻으로 단오는 초닷새, 즉 5일을 가리켜요. 단오에 여자들은 창포물에 머리를 감거나 그네를 뛰었고 남자들은 활쏘기나 씨름을 하며 하루를 보냈어요. 뜨거운 여름을 대비해 부채를 선물하기도 했답니다.

우리나라에는 단오처럼 설날 외에도 여러 명절이 있고, 계절마다 다양한 세시 풍속들이 있어요. 여름에 삼복더위라는 말을 들어 보았나요? 삼복은 음력 6월에서 7월 사이에 있는 초복, 중복, 말복을 모두 합쳐 부르는 말이에요. 삼계탕처럼 건강에 좋은 보양식을 먹어 더위를 물리치는 풍습이 있었어요. 삼계탕은 닭에 인삼, 대추, 찹쌀과 같은 식재료를 넣고 끓는 물에 푹 삶아서 먹는 음식이에요.

가을에는 중양절이라는 명절이 있어요. 음력

9월 9일로, 옛 사람들은 중양절에 단풍이 들고 국화가 핀 산이나 들에서 음식을 먹으며 즐겁게 놀았어요. 국화주와 국화전을 만들어 먹기도 하고요. 지금은 거의 잊힌 명절이지만요.

겨울하면 동지 팥죽이 떠올라요. 동지는 24절기 가운데 하나로, 일 년 중 낮이 가장 짧고 밤이 가장 긴 날이에요. 동짓날 팥죽을 쑤어 먹는 풍습이 있었던 까닭은 팥의 붉은색이 나쁜 귀신을 쫓아 준다고 믿었기 때문이라고 전해져요. 달달한 팥죽으로 무시무시한 귀신을 내쫓을 수 있다니! 맛있는 팥죽을 먹어야 할 이유가 또 한 가지 늘었네요. 그렇죠?

문해력 쏙쏙

 에 여자들은 창포물에 머리를 감거나 그네를 뛰었고, 남자들은 활쏘기나 씨름을 하며 하루를 보냈다.

　옛날 사람들은 주로 농사를 짓고 살았기 때문에 날씨와 계절의 변화가 무척 중요했어요. 계절이나 절기에 따라 농사와 관련된 세시 풍속도 다양했지요. 농사와 관련된 세시 풍속은 어떤 것들이 있을까요?

　가장 먼저 만나 볼 명절은 정월 대보름이에요. 한 해의 첫 보름달이 뜨는 때로 음력 1월 15일을 말해요. 정월 대보름에는 나쁜 기운을 쫓아낸다는 의미로 쥐불놀이와 달집태우기를 했어요.

　쥐불놀이는 정월 대보름 전날 논이나 밭에 불을 붙이고 돌아다니며 노는 놀이예요. 논이나 밭에 있는 나쁜 벌레를 잡아 풍년을 기원한다는 의미가 담겨 있지요. 아이들은 기다란

막대기나 줄에 불을 달고 빙빙 돌리며 놀았어요.
 달집태우기도 비슷해요. 대나무로 기둥을 세운 다음 그 위를 짚이나 솔가지 등으로 덮어 달집을 만들고, 달집 속에 짚으로 달을 만들어 걸어요. 그리고는 진짜 달이 뜰

무렵에 불을 붙여 달집을 태우며 소원을 빌었지요. 특히 커다란 보름달을 보며 한 해의 풍년을 빌었어요.

정월 대보름에는 부럼 깨기도 빠트릴 수 없어요. 부럼 깨기는 호두나 땅콩 같은 단단한 열매를 이로 깨무는 거예요. 한 해 동안 각종 *부스럼을 예방하고 이를 튼튼히 하려는 소망이 담긴 세시 풍속이지요.

입춘은 '들 입(入)'과 '봄 춘(春)'을 써서 봄의 기운이 일어난다는 뜻으로 봄이 시작되는 날이에요. 대개 양력 2월 4일 즈음이지요. 과거에는 집집마다 대문에 '입춘대길(立春大吉) 건양다경(建陽多慶)'이라는 글귀를 붙이며 봄을 맞이했어요. 봄을 맞이하며 좋은 기운이 들어오기를 바라고, 맑은 날이 많고 좋은 일이 많이 생기기를 기원하는 말이에요. 입춘이 되면 마을에서는 모두 함께 *풍물놀이를 하며 한해 농사가 잘 되길 빌었고, 보리 뿌리를 뽑아 그해 농사가 잘될지 잘되지 않을지 점을 치기도 했어요.

한식은 동지로부터 105일째 되는 날로, 양력 4월 5일

★ **부스럼** 피부에 나는 종기예요.
★ **풍물놀이** 농촌에서 함께 일할 때나 명절에 흥을 돋우려고 연주하는 우리나라의 음악이에요. 꽹과리, 징, 장구, 북 같은 악기를 사용해요.

또는 6일이에요. 예전에는 설날, 단오, 추석과 함께 4대 명절에 포함되었지만, 요즘에는 거의 치르지 않는 분위기예요. 한식은 '찰 한(寒)'과 '밥 식(食)'이라는 한자를 쓰는데, 데우지 않은 찬 음식을 먹는 날이었어요. 한 해 농사가 잘되기를 소망하며 성묘도 했고요.

추석은 설날과 함께 우리나라를 대표하는 명절이에요. '가을 추(秋)'와 '저녁 석(夕)'이라는 한자를 써서 단어 뜻대로 풀이하면 '가을 저녁'이라는 뜻이고, 더 나아가서는 '가을의 달빛이 가장 좋은 밤'이라는 뜻이에요. 순 우리말로는 '한가위'라고 해요. '한'은 '크다'라는 의미이고, '가위'는 '가운데'라는 뜻의 옛날 말이에요. 즉, 추석은 음력 8월 15일인 '8월의 한가운데 있는 큰 날'이라는 뜻이지요.

옛날에 '5월 농부, 8월 *신선'이라는 말이 있었어요. 음력 5월은 농부들이 농사를 열심히 짓느라 등이 땀으로 마를 날이 없지만, 음력 8월은 한 해 농사가 다 마무리된 때여서 봄철보다 힘을 덜 들이고 일을 하며 신선처럼 지낼 수 있다는 말이에요. 그만큼 사람들이 추석을 좋아했

* 신선 사람 사는 세상을 떠나 도를 닦으면서 자연과 친하게 지낸다는 상상 속의 사람을 말해요.

다는 의미로 해석할 수 있어요.

또 "더도 말고 덜도 말고 늘 한가위만 같아라."라는 속담이 있듯이 추석은 여러 명절 가운데 으뜸인 명절이었어요. 추석은 온갖 곡식과 과일이 익는 계절인 만큼 늘 이날처럼 잘 먹고 잘 놀고 잘 살았으면 하는 바람이 느껴지는 속담이지요.

추석에는 *풍요를 기원하는 각종 세시 풍속이 행해졌어요. 조상에게 예를 갖추는 차례와 같이 *엄숙한 세시 풍속도 있었고 가족, 이웃과 한바탕 즐겁게 노는 재미있는 놀이도 있었지요. 씨름과 강강술래는 추석을 대표하는 놀이 중 하나예요.

먹을 것도 빠질 수 없죠. 설날에 떡국이 있다면 추석에는 송편이 있어요. 추석 때면 먹는 반달 모양의 예쁜 떡이 바로 송편이에요. 추석에는 송편을 빚어 조상에게 올려 차례를 지내고 성묘하는 것이 중요한 행사였고, 지금까지도 이어져 내려오고 있는 풍습이지요.

오늘날에는 교통과 통신, 과학의 발달로 직업이 다양해

✱ **풍요** 모자란 것 없이 넉넉한 것을 말해요.
✱ **엄숙하다** 태도나 분위기가 점잖고 위엄이 있다는 뜻이에요.

지면서 농사짓는 사람의 수가 줄어들었고 세시 풍속의 모습도 많이 바뀌었어요. 회사나 공장 등 건물 안에서 일하는 사람이 많아지니 아무래도 날씨와 계절의 영향이 덜하겠죠? 그러다 보니 주로 휴가가 보장되는 설날이나 추석을 중심으로 한 세시 풍속들이 이어지고 있고, 다른 풍속들은 옛 문화를 계승하기 위해 민속촌과 같은 곳에서 체험 행사를 진행하는 형태로 보존되고 있답니다.

> **문해력 쏙쏙**

 은 음력 1월 15일로, 나쁜 기운을 쫓아낸다는 의미를 담아 쥐불놀이와 달집태우기를 했다.

문해력 튼튼

● 다음 글을 읽고, 질문에 답해 보세요.

우리 역사에 나오는 '연'에 얽힌 이야기

　우리나라 역사에서 연이 사용된 최초의 기록은 《삼국사기》라는 옛 역사책에 남아 있어요. 신라 최초의 여왕이었던 선덕여왕이 신라를 다스릴 때, 비담이라는 신하가 여왕에게 불만을 품고 군대를 모아 반란을 일으켰어요.

　선덕여왕은 비담의 반란을 진압하기 위해 *충신이었던 김유신과 군대를 월성에 보냈어요. 그리고는 비담과 그를 따르는 반란군과 맞서게 했어요.

　하지만 반란군의 기세도 대단했어요. 김유신의 군대와 비담의 반란군은 서로 팽팽하게 *대치하였지요.

　그러던 중 김유신이 팽팽하게 있던 월성 쪽으로 커다란 별이 떨어졌어요. 그 모습을 본 비담은 이를 이용해 부하들의 *사기를 높였어요.

　"내가 듣기로 별이 떨어진 자리에서는 반드시 피를 흘린다고 했다. 이는 여왕이 전쟁에서 질 것이라는 *징조가 틀림없다!"

　비담의 주장에 반란군의 기세가 올랐어요. 이에 김유신은 선덕여왕과 군사들을 안심시키기 위해 한 가지 방법을 생각해 냈어요. 그것은 바로, 연에 불을 붙인 허수아비를 매단 후 하늘로 날려 보내는 것이었지요.

"떨어졌던 별이 다시 하늘로 올라갔다!"

김유신의 생각대로 하늘로 올려 보낸 연은 떨어졌던 별이 다시 하늘로 올라가는 모습처럼 보였어요. 이 모습을 지켜보던 김유신의 군사는 훨씬 사기가 높아졌고, 반대로 반란군의 기세는 떨어졌지요.

김유신은 이런 기회를 놓치지 않고, 비담의 군대를 공격해 승리하였다고 해요.

✱ 충신 충성스러운 신하를 뜻해요.
✱ 대치하다 서로 물러서지 않고 맞서는 것을 말해요.
✱ 사기 어떤 일을 해내려는 기운이에요.
✱ 징조 어떤 일이 생길 분위기나 기운이에요.

● 연을 만들어 하늘로 날려 보낼 때 김유신은 어떤 마음이었을지 상상해 보세요.

● 직접 연을 만들어 날린다면 어떤 소원을 담고 싶은지 적어 보세요.

한눈에 읽는 개념 지도

옛날과 오늘날의 생활 모습

- **옷을 만드는 도구**: 가락바퀴 → 뼈바늘 → 베틀 → 방직기
- **음식을 만드는 도구**: 토기
- **농사 도구**:
  - 돌괭이 → 철괭이 → 쟁기 → 트랙터
  - 반달돌칼 → 철낫 → 콤바인
- **도구의 변화**:
  - 구석기: 뗀석기, 주먹도끼
  - 신석기: 간석기, 빗살무늬 토기
  - 청동기: 주로 장신구나 제사 도구를 만듦
  - 철기

- **공통점**: 옛날이나 오늘날 모두 명절에 세배, 성묘, 차례를 지냄
- **차이점**: 오늘날은 농사와 관련된 세시풍속이 줄어듦

3

가족의 형태와 역할 변화

옛날과 오늘날의 결혼 모습

여러분의 가족은 누구인가요? 할아버지, 할머니, 아버지, 어머니, 언니나 누나, 형이나 오빠, 동생 등 많은 사람들이 떠오를 거예요. 가족은 함께 살기도 하고 멀리 떨어져 살기도 해요. 사이좋게 지내기도 하고 다투기도 하지요. 우리는 아무리 친한 친구라도 가족이라고 하지는 않아요. 물론 길을 가다가 우연히 마주치는 사람들을 모두 가족이라고 부르지도 않지요.

그럼 가족은 누구이고, 어떻게 만들어질까요? 만들어진다고 하면 공장에서 물건을 만드는 것이 떠올라서 질문이 어색하다고 하는 친구들이 있을 것 같군요. 그럼 다른 말로 물어볼게요. 가족은 어떻게 생기는 걸까요?

가족이라고 부르는 사람들이 생기는 방법 중 하나는 결혼이에요. 벌써 눈치 챈 친구들이 있지요? 민진이네 가족을 예로 설명해 줄게요.

얼마 전 민진이의 이모는 *직장에서 만나 사귀던 남자와 결혼을 했어요. 부부가 된 거예요. 이렇게 두 사람이 부부가 되어 가족을 이루는 것을 결혼이라고 해요. 결혼과 비슷한 말로 혼인이 있어요.

★ 직장 일터, 즉 일을 하는 곳이에요.

이모에게 남편이라는 새로운 가족이 생겼고, 민진이에게도 이모부라고 부를 수 있는 새로운 가족이 생겼어요. 만약 이모와 이모부 사이에 아기가 태어난다면 민진이에게는 또 새로운 가족이 생기겠지요?

꼭 결혼이 아니더라도 입양 등의 방법으로 가족이 생기기도 해요. 입양은 같은 피를 나누지 않은 사람들이 부모와 자식의 관계를 맺는 것을 말해요. 사과 그림이 있는 휴대 전화를 만든 것으로 잘 알려진 미국의 유명한 기업가 스티브 잡스도 입양을 통해 새로운 부모님을 만났다고 해요.

이렇게 결혼이나 입양 등의 방법으로 가족이 만들어지고 생긴답니다.

 **문해력 쏙쏙**

두 사람이 부부가 되어 가정을 이루는 것을 ㄱ ㅎ 이라고 한다.

　처음 초등학교에 입학하던 날, 어떤 일이 있었는지 기억하나요? 맞아요. 입학식을 했어요. 입학식에서 담임 선생님도 만나고 새로운 친구들도 만났지요. 가족들은 여러분이 잘 자라서 초등학교에 입학하게 된 것을 축하해 주었을 거예요. 6학년을 마칠 때는 초등학교 졸업을 축하하는 졸업식을 하게 되겠지요?

　우리는 중요한 일이 있을 때 이를 *기념하기 위한 행사를 해요. 결혼은 새로운 가족이 생기는 중요한 일이에요. 그러니 결혼을 기념하기 위해 대부분의 사람들은 결혼식

★ **기념하다** 뜻 깊은 일을 오래오래 마음속에 간직하고 잊지 않는 것을 말해요.

을 해요. 결혼식을 다른 말로 혼례라고 부르기도 하지요. 결혼식과 혼례 모두 부부 관계를 약속하는 *의식이에요.

   실제로 결혼식을 하는 모습을 본 적이 있나요? 어디에서 결혼식을 했나요? 신랑과 신부는 어떤 옷을 입고 있었나요? 결혼식에 참석한 다른 사람들은 무엇을 했나요? 민진이 이모의 결혼식 사진을 살펴보면서 여러분의 경험을 떠올려 보세요.

* 의식 정해진 방식에 따라 진행되는 행사를 의미해요. 입학식, 결혼식 모두 의식의 하나예요.

오늘날의 결혼식을 보면, 보통 민진이 이모처럼 결혼식장에서 결혼식을 올리고, *주례와 가족, 친척 그리고 평소 가까이 지내던 사람들 앞에서 결혼을 맹세해요. 또 폐백실에서 집안 어른께 *폐백을 드리죠. 신랑과 신부는 결혼식 때 턱시도와 웨딩드레스를 입고, 폐백을 드릴 때는 한복을 입어요. 그리고 결혼식이 끝나면 신혼여행을 떠나기도 해요.

오늘날에는 민진이 이모처럼 결혼식을 올리는 사람들도 많지만, 다른 방법으로 결혼식을 올리는 사람들도 많아요. 실내 결혼식장이 아니라 공원 같은 야외에서 결혼식을 하기도 하고, 몇몇 사람들만 모여 작은 결혼식을 하기도 해요. 또 옛날 방식으로 결혼식을 올리거나 *기부, 여행 등으로 결혼식을 대신하기도 해요. 물론 결혼식을 아예 하지 않는 사람들도 있지요. 이렇게 오늘날 결혼식의 모습은 다양해요. 여러 장소에서 각자가 원하는 모습의 결혼식을 하지요.

* 주례 결혼식을 진행하는 일 또는 진행하는 사람이에요. 보통은 신랑 신부가 존경하는 어른이 맡아, 부부가 될 두 사람에게 응원과 조언을 해 주기도 해요.
* 폐백 결혼식 이후에 어른들께 인사를 드리는 것이에요.
* 기부 다른 사람들을 돕기 위해 돈이나 물건 등을 대가 없이 내놓는 일을 말해요.

👆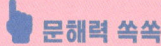

결혼을 기념하기 위해 대부분의 사람들은 ㄱ ㅎ ㅅ 을 한다.

　결혼식을 마친 민진이 이모와 이모부가 한복으로 갈아입고 가족과 친척들에게 인사를 드리던 모습을 기억하나요? 맞아요. 폐백이요. 옛날에는 신부가 결혼식을 한 후 처음으로 신랑의 부모님께 인사를 드리던 것을 폐백이라고 했어요. 그런데 오늘날에는 신랑의 부모님과 신부의 부모님 모두에게 폐백을 드려요. 옛날과 달라진 모습이지요. 폐백처럼 옛날의 결혼식과 오늘날의 결혼식 모습은 서로 다른 점이 많아요. 만약 민진이 이모가 옛날에 태어났다면 어떤 모습으로 결혼식을 올렸을까요?

　다음 그림을 보세요. 신랑 신부가 한복을 입고 서로 마주 보며 서 있어요. 여기는 신부의 집이에요. 신부의 집마당에서 혼례가 치러지고 있어요. 신랑의 부모님과 신부의 부모님은 아들과 딸을 결혼시키기로 약속했고, 드디어 오늘 혼례를 올리는 거예요. 그림에서 나무 기러기를 찾아보세요. 찾았나요? 신랑이 신부의 집에 가서 이 나무 기러기를 바치면 혼례가 시작되었다고 해요.

혼례를 마치고 부부가 된 신랑과 신부는 혼례를 치렀던 신부의 집에서 며칠 동안 지내요. 그리고 나서 신랑은 말을 타고, 신부는 가마를 탄 채 신랑의 집으로 가지요.

신랑의 집에 도착한 신랑 신부는 신랑의 부모님과 집안 어른들께 인사를 하는 폐백을 드려요. 신랑의 부모님과 어른들은 폐백 자리에서 자식을 많이 낳고 부자가 되라는 뜻으로 대추와 밤을 신부의 치마에 던져 주었어요. 이런 모습은 오늘날 폐백에서도 볼 수 있어요.

민진이 이모의 결혼식을 떠올려 보세요. 옛날과 어떤 점이 다른가요? 맞아요. 입는 옷이 달라요. 하지만 옷 말고도 다른 점이 많아요. 그럼 몇 가지 질문을 해 볼게요.

첫 번째 질문, 옛날에는 어디에서 결혼식을 했나요? 맞아요. 신부의 집에서 결혼식을 했어요. 오늘날에는 결혼식장이나 공원 등 다양한 장소에서 결혼식을 하지요.

두 번째 질문이에요. 옛날에는 결혼식이 끝나면 어디로 갔나요? 신부의 집에서 며칠 동안 머무르다가 신랑의 집으로 갔어요. 그리고 신랑의 집에서 살았지요. 오늘날은 어떤가요? 주로 결혼식이 끝나면 신혼여행을 가요.

세 번째, 옛날에는 폐백을 어떻게 했나요? 신랑의 집

으로 온 신부가 신랑과 함께 신랑의 부모님과 집안 어른들께 인사를 드렸어요. 오늘날에는 결혼식장에서 결혼식을 한 경우 결혼식장에 마련된 폐백실에서 신랑과 신부가 양쪽 부모님과 집안 어른들께 인사를 드려요.

마지막 질문이에요. 옛날에는 누가 결혼을 결정했을까요? 잘 말했어요! 주로 신랑과 신부 양쪽 부모가 각자의 자녀를 결혼시키기로 결정하고 약속했어요. 오늘날은 어때요? 민진이 이모처럼 주로 신랑과 신부의 의견에 따라 결혼이 이루어져요.

시간이 흐르면서 결혼식의 모습은 많이 달라졌지만 오늘날까지 계속 이어지는 모습도 있어요. 바로 가족이 된 두 사람을 축복하는 마음이에요. 모습은 다양해졌지만 결혼을 중요하게 생각하고 두 사람을 축하하는 마음만은 변하지 않고 그대로 남아 있답니다.

👆 문해력 쏙쏙

옛날에 신부가 결혼식을 한 후 처음으로 신랑의 부모님께 인사를 드리던 것을 ㅍ ㅂ 이라고 한다. 이때, 신랑의 부모님과 어른들은 자식을 많이 낳고 부자가 되라는 뜻으로 ㄷ ㅊ 와 밤을 신부의 치마에 던져 주었다.

문해력 튼튼

● 다음 글을 읽고, 질문에 답해 보세요.

그림 속에 담긴 가족의 의미

김홍도, <자리 짜기>

이 그림은 우리나라 조선 시대의 유명한 화가 김홍도가 그린 그림이에요. 김홍도는 농사짓는 모습, 씨름하는 모습, 아이들이 공부하는 모습 등 사람들의 생활 모습을 즐겨 그렸어요.

그림 속 사람들은 누구일까요? 아버지, 어머니, 아들, 바로 가족이에요. 아버지는 돗자리를 짜고 있고, 어머니는 실을 뽑고 있어요. 가족의 의식주를 해결하기 위해 일을 하시는 거예요. 아들은 일하는 어머니와 아버지의 뒤에서 공부를 하고 있어요.

클로드 모네, <양산을 든 여인>

김홍도는 다른 가족의 그림을 그렸지만, 자신의 가족을 그린 화가도 있어요. 모네라는 화가가 그린 그림이에요. 그림 속 사람은 모네의 부인과 아들이에요. 모네는 맑은 하늘, 따뜻한 햇살과 바람까지 표현하며 가족의 행복한 때를 그림으로 남겼어요.

모네는 한때 부모님과의 사이가 좋지 않고, 화가로서 인정받지 못해 아주 가난했는데 가족과 함께 어려운 시절을 이겨냈다고 해요. 이 그림은 그 후에 그려진 것이에요. 모네의 다른 그림에도 가족을 아끼는 모네의 마음이 잘 담겨 있어요.

이중섭, <물고기와 노는 세 아이>

여기 물고기와 놀고 있는 아이들을 그린 그림이 있어요. 바로 화가 이중섭의 그림이에요. 이 그림을 그렸을 당시에 이중섭은 가족과 떨어져 살았어요. 이중섭은 우리나라에 살고 있었고 아내와 아들들은 일본에 있었거든요. 멀리 있는 가족들과 만날 수 없어서 편지를 주고받으며 그리운 마음을 달랬다고 해요.

그리고 아이들이 등장하는 그림을 많이 그렸어요. 하루 빨리 가족과 만나기를 바라는 간절한 마음을 담아 그림을 그렸을 거예요.

- <자리 짜기> 속 가족들은 어떤 대화를 나눌지 생각해 보고 말풍선을 채워 보세요.

- 내가 화가라면 가족을 주제로 어떤 그림을 그리고 싶은가요? 화가가 되었다고 생각하고 우리 가족을 그려 보세요.

 이모부라는 새로운 가족이 생긴 민진이를 기억하나요? 민진이는 태어날 때부터 할아버지, 할머니와 같이 살았어요. 아버지와 어머니가 결혼을 한 뒤에 계속 할아버지, 할머니와 함께 지냈기 때문이에요.

 민진이의 가족은 할아버지, 할머니, 아버지, 어머니, 민진이로 구성되어 있어요. 이때, 할아버지, 할머니, 아버지, 어머니, 민진이를 가족 구성원이라고 해요.

 여기서 '구성'이라는 말은 무슨 뜻일까요? 칠교를 예로 들어서 쉽게 설명해 줄게요.

 칠교는 크기와 색이 서로 다른 7개의 도형으로 이루어져 있어요. 여기에서 '이루어져 있다.'를 '구성되어 있다.'

로 바꿀 수 있어요. 즉 '이루어져 있다.'와 '구성되어 있다.'는 비슷한 뜻이에요. 칠교를 가족, 도형을 가족 구성원으로 바꾸어 생각하면 돼요.

민진이의 가족처럼 부모와 결혼한 자녀가 함께 사는 가족을 확대 가족이라고 해요. 확대 가족에서 확대는 점점 커지거나 늘어난다는 뜻이잖아요. 민진이 아버지처럼 자녀가 결혼한 후에도 따로 살지 않고 부모와 함께 살면 가족의 수가 늘어요. 결혼으로 민진이 아버지와 어머니가 가족이 되고, 민진이가 태어나면 또 새로운 가족이 되기 때문이에요.

모두가 민진이의 가족처럼 구성되어 있을까요? 그렇지 않아요. 민진이 친구인 도경이의 가족을 보면 알 수 있을 거예요.

도경이의 가족은 어머니, 아버지, 누나, 도경이로 구성되어 있어요. 도경이 어머니는 결혼한 뒤에 부모님과 따로 떨어져 살아요. 도경이 아버지도 마찬가지고요. 도경이 어머니와 아버지는 자녀인 도경이 누나, 도경이와 함께 사는 거예요.

도경이네 가족처럼 부모가 결혼하지 않은 자녀와 함께 사는 가족을 핵가족이라고 해요. 핵가족에서 '핵(核)'은 과일의 씨를 뜻하는 한자예요. 보통 과일의 씨는 작지요. 대부분의 핵가족은 확대 가족에 비해 가족을 구성하는 사람의 수가 적어요. 핵가족의 경우 자녀가 결혼한 뒤에 부모와 떨어져 살기 때문에 원래 가족의 수보다 줄어들기 때문이지요.

핵가족의 모습은 다양해요. 주변에는 자녀 없이 부부만 함께 사는 가족도 있고, 아버지나 어머니 중 한 사람과 자녀들이 사는 가족도 있어요. 이러한 가족 구성도 모두 핵가족에 속해요.

가족 형태는 확대 가족에서 핵가족으로, 핵가족에서 확대 가족으로 바뀔 수도 있어요. 만약 도경이 어머니와 아버지께서 결혼한 뒤에 할아버지, 할머니와 함께 살았다면 확대 가족이 되겠지요? 또 미래에 도경이 누나나 도경이가 결혼을 하고 부모님과 함께 산다면 확대 가족이

되는 거예요. 반대로 만약 민진이 부모님께서 민진이 할아버지, 할머니와 떨어져 살게 되면 민진이 가족은 핵가족이 되는 거예요.

　세상의 모든 가족을 핵가족과 확대 가족으로 딱 잘라 구분하는 것은 어려운 일이에요. 가족의 형태는 언제든 바뀔 수 있으니까요.

 문해력 쏙쏙

부모와 결혼한 자녀와 함께 사는 가족을 ㅎ ㄷ ㄱ ㅈ 이라고 하고, 부모가 결혼하지 않은 자녀와 함께 사는 가족을 ㅎ ㄱ ㅈ 이라고 한다.

　옛날에는 확대 가족이 많았을까요, 아니면 핵가족이 많았을까요? 힌트를 하나 줄게요. 옛날에는 주로 농사를 지으며 살았기 때문에 *일손이 많이 필요했어요.

　질문에 대한 답을 찾았나요? 맞아요. 정답은 확대 가족이에요. 농사를 지으려면 일을 해야 할 사람이 많이 필요한데다가 옛날에는 지금보다 농사 도구가 발달하지 않아서 서로 *협동할 일이 많았거든요.

　예를 들어 볼게요. 벼농사를 지으려면 봄에 모내기를 해야 해요. 벼농사를 할 때는 논에 직접 *볍씨를 심거나

✱ **일손** 일을 하는 사람을 가리키는 말이에요.
✱ **협동하다** 여럿이 힘을 합쳐 서로 돕는다는 뜻이에요.

뿌리지 않아요. 먼저 다른 곳에 볍씨를 뿌리고 싹을 틔우고 키워요. 그걸 '모'라고 하는데, 잘 자란 모를 논에 옮겨 심는 걸 '모내기'라고 하지요. 요즘에는 논에 모를 심는 기계가 있어서 한 사람 또는 몇 사람이 넓은 논에도 빠르게 모내기를 할 수 있어요. 하지만 그런 기계가 없었던 옛날에는 사람들이 직접 모를 심었답니다. 그러니까 넓은 논에 모내기를 하려면 많은 사람이 필요했던 거예요.

✱ **볍씨** 벼의 씨를 말해요.

한번 상상해 보세요. 여러분이 벼농사를 짓는 어른이에요. 어느 날 아들이 결혼을 했어요. 그러면 아들과 함께 사는 것이 좋을까요? 아니면 따로 사는 것이 좋을까요? 맞아요. 결혼한 자녀와 함께 살면 서로 협동하면서 더 편하게 농사일을 할 수 있을 거예요.

그렇다면 오늘날은 어떨까요? 오늘날은 옛날보다는 핵가족이 많아졌어요. 주로 농사를 지으며 살던 옛날과 달리 시간이 흐르면서 도시에는 다양한 일자리가 생겼어

요. 꼭 농사를 짓지 않더라도 살아갈 수 있게 된 거예요.

자녀들은 새로운 일자리를 찾아 도시로 떠났어요. 새로운 곳에서 일도 하고 결혼도 하며 지내다 보니 자연스럽게 부모님과는 떨어져 살게 되었어요. 일자리를 구하는 것 말고도 다른 지역에 있는 학교에 다니거나 취미 생활을 위해서 가족과 떨어져 살기도 해요.

이런 사람들이 점점 많아지면서 오늘날에는 확대 가족보다 핵가족이 더 많아지게 되었어요. 그렇다고 모든 가족이 핵가족인 것은 아니에요. 우리 주변에는 민진이의 가족처럼 확대 가족도 여전히 많답니다.

📍 문해력 쏙쏙

주로 농사를 지으며 살던 옛날과 달리, 시간이 흐르면서 도시가 생기고, 다양한 ㅇ ㅈ ㄹ 가 생겼다. 가족이 모여 살면서 농사지을 필요가 없어졌기 때문에 ㅎ ㄱ ㅈ 이 늘어나게 되었다.

   가족이 함께 살아가기 위해서는 요리하기, 설거지하기, 빨래하기, 청소하기, 자녀 돌보기, 필요한 물건 사기, 가족이 생활하는 데 필요한 돈 벌기 등 많은 일을 해야 해요. 그렇다면 가족 구성원 중 이러한 일을 하는 사람은 누구일까요? 옛날에는 누가 어떤 일을 했고, 오늘날은 어떠할까요?

   옛날에는 집안일과 바깥일을 구분하고, 주로 성별에 따라 그 일을 했어요. 집안일을 하는 건 주로 여자였고, 바깥일, 다른 말로 하면 사회 활동은 남자가 했지요.

   하지만 오늘날에는 여자와 남자가 해야 하는 일을 구분하지 않아요. 오늘날에는 여자와 남자가 평등하다는

생각이 커졌고 남자와 여자 모두에게 교육받을 기회가 똑같이 주어져요. 옛날에는 같은 상황이라면 여자보다는 남자가 교육받고 공부하도록 했어요.

오늘날에는 여자도 사회에서 다양한 직업을 가질 수 있게 되었고, 부모가 함께 아이를 돌보며, 가족 구성원이 집안일을 서로 도우며 하지요.

물론 그렇다고 해서 가족 구성원들 사이에 갈등이 전혀 없을 수는 없어요. 사람은 저마다 갖고 있는 생각이 다르기 때문에 가족의 중요한 일을 결정할 때마다 서로 부딪힐 수 있어요. 그럴 때는 어떻게 해야 할까요?

맞아요. 대화를 통해 서로를 이해하고 배려하는 자세가 필요해요. 구성원 모두를 존중하고, 구성원으로서 내가 해야 하는 일을 잘 알고 실천해야 하지요. 여러분은 가족 구성원으로서 자신이 해야 할 일에 대해 바로 알고, 잘 실천하고 있나요?

👍 문해력 쏙쏙

오늘날에는 여자와 남자가 ㅍㄷ 하다는 생각이 커지고, ㄱㅇ 받을 기회가 동등하게 주어지면서 가족 구성원의 역할을 구분하지 않게 되었다.

지금까지 옛날 가족의 모습과 오늘날 가족의 모습을 비교해 보았어요. 이번엔 오늘날의 가족 형태에 대해 이야기해 보려고 해요. 가족 형태는 가족이 구성되어 있는 모습을 말하죠. 앞에서 배운 확대 가족이나 핵가족도 가족의 형태를 나타내는 말이에요.

우리 주변에는 정말 다양한 형태의 가족이 있어요. 우리 가족과 구성원이 똑같은 가족도 있고, 우리 가족과 전혀 다른 형태의 가족도 있지요. 여기 여섯 명의 친구들이 가족을 소개해 주었네요. 어떤 형태의 가족이 있는지 친구들의 이야기를 한번 들어 볼까요?

두리 가족처럼 가족 구성원이 할아버지, 할머니와 손

"우리 가족은 할머니, 할아버지와 저, 남동생이에요."

"저는 입양되어 새로운 가족을 만났어요."

"우리 가족은 어머니, 저, 반려견이에요."

"얼마 전에 할아버지께서 돌아가셨어요. 이제 우리 가족은 어머니, 아버지, 저예요."

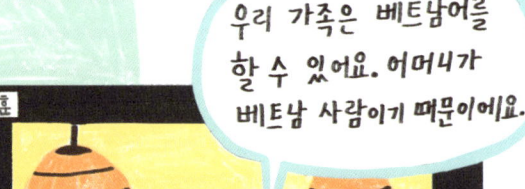
"우리 가족은 베트남어를 할 수 있어요. 어머니가 베트남 사람이기 때문이에요."

"아버지가 재혼하셔서 어머니와 언니가 생겼어요."

자, 손녀인 가족 형태가 있어요. 그리고 준서 가족처럼 부모님 중 한 분과 자녀가 함께 사는 형태도 있지요. 앞에서 배운 것을 활용한다면 이 가족은 핵가족이에요. 참, 놓칠 뻔했군요. 준서 가족에는 반려견도 있어요. 오늘날에는 강아지나 고양이 같은 *반려동물을 가족으로 여기는 사람들도 많아요.

또 어떤 가족 형태가 있을까요? 힌트를 줄게요. 앞에서 가족이 생기는 방법에는 결혼 외에 다른 것도 있다고 했지요? 맞아요. 바로 입양이에요. 지유 가족처럼 입양으로 이루어진 가족 형태도 있어요. 경호 가족과 소미 가족도 핵가족이군요. 이 두 가족처럼 여러 가지 이유로 가족 구성원이 늘어나거나 줄어든 가족도 있어요.

그리고 동훈이 가족처럼 다른 나라의 사람과 결혼해서 자녀를 낳아 가족이 된 경우도 있어요. 오늘날에는 다른 나라와 자유롭게 *교류할 수 있어서 이러한 가족 형태가 늘어나고 있답니다.

✶ **반려동물** 강아지, 고양이, 새처럼 사람이 감정적으로 의지하기 위해 가까이 두고 기르는 동물이에요.
✶ **교류하다** 사람들이 만나거나 연락하며 물건이나 의견을 주고받는 것을 뜻해요.

놀라운 사실은 지금 소개한 가족 형태가 세상의 모든 가족 형태를 보여 준 것이 아니라는 거예요. 그만큼 가족의 형태는 정말 다양해요. 그러니까 친구나 다른 사람의 가족이 나의 가족과 다르다고 해서 신기해하거나 이상하게 여기지 말아야겠지요? 우리가 서로 다른 얼굴, 성격, 취미 등을 존중해야 하듯이 서로 다른 가족 형태도 존중해야 해요.

문해력 쏙쏙

 는 확대 가족이나 핵가족처럼 가족이 구성되어 있는 모습을 말한다.

문해력 튼튼

● 다음 글을 읽고, 질문에 답해 보세요.

우리 가족을 위한 '가족 선언문'

"도대체 1년 365일 중 366일을 술 마시는 당신이 사람이야?"

"집안일 좀 도와달라고 그렇게 말해도 한번을 들어 주질 않아. 내가 이 집 종이에요? 왜 나만 일해야 하냐고?"

"애들이 어떻게 크고 있는 줄은 알아요? 그리고 양말은 왜 자꾸 뒤집어 놓는데?"

엄마는 아빠만 보면 잔소리를 퍼부었다. 아빠는 옳은 소리를 기분 나쁘게 하는 게 잔소리라며 듣는 척도 안 했다. 엄마는 그런 아빠만 보면 퍼붓고, 퍼붓고, 또 퍼붓다가 꼭 싸웠다. 그리고 싸움의 끝엔 늘 푸념을 늘어놨다.

"내가 이혼을 하든가 어쩌든가 해야지. 도저히 살 수가 없어."

그렇게 도저히 살 수가 없다는 엄마는 지금까지도 아빠와 살고 있다. 다만 더 이상 이런 모습을 견딜 수 없어 하는 사람이 있었다.

"혜성아, 넌 어떻게 생각해?"

"뭘?"

"엄마가 만날 하는 저 말."

"무슨 말, 이혼?"

누나는 고개만 끄덕였다. 잘 생각해 보라는 듯 날 지그시 쳐다보기만 했다.

"그, 그게 당연히 싫지."

"그렇지? 나도 싫어."

세상에 엄마 아빠가 이혼하는 걸 바라는 아이들은 어디에도 없을 것이다.

"그래서 누나가 생각한 게 있어."

"뭔데?"

누나가 내 귀를 잡아당겨 귓속말을 했다. 귀가 간지러워 웃음이 실실 났다.

"아, 가, 간지럽단 말이야."

"가만히 있어 봐."

누나는 내가 간지럼을 타든 말든 말을 계속 이었다. 뭐, 간지럼도 곧 사라지긴 했지만.

"뭐라고, 그게 말이 돼?"

"당연하지. 자, 그러니까 누나랑 이번에 제대로 해 보자. 안 그러면 우리는 계속 이렇게 살아야 한단 말이야."

"그, 그래도 난 자신이 없어. 누나."

나는 정말 자신이 없었다. 하지만 누나는 눈빛을 초롱초롱 빛냈다. 누나가 A4 용지를 꺼내 내 앞에 내려놓았다.

"자, 지금부터 누나랑 독립 선언문을 작성하는 거야."

"독립 선언문? 그게 뭔데?"

"말 그대로 너와 내가 독립하는 거야."

(……)

"누나 어제 들었어?"

"뭘? 엄마, 아빠 얘기하는 소리?"

"난 싸우는 소리인 줄 알고 되게 걱정했거든. 그런데 아닌가 봐."

"야, 나도 처음엔 싸우는 소리인 줄 알고 걱정했는데 그게 아니더라고."

"그럼 일주일도 다 됐으니 두 분과 함께 사는 걸 허락하면 되겠네?"

"뭐, 그렇지."

"그래서 말인데 누나! 이리 와 봐."

나는 어젯밤에 자면서 생각해 놨던 이야기를 귓속말로 해 줬다. 누나가 빙그레 웃었다. 나도 머리를 긁적이며 빙긋이 웃었다.

"선생님이 그러셨어. 각자 자기 역할만 잘해도 세상은 평화로울 거래."

"오, 제법인데. 그 생각을 우리 가족한테 적용시킨 거야?"

"누나가 기분 좋은지 내 머리카락을 헤집어 놓으면서 웃었다.

"이제 꼬맹이가 아니네?"

나도 기분이 좋아 혀를 쏙 내밀었다.

누나와 난 A4 용지 네 장을 가지고 거실로 나갔다. 엄마와 아빠는 식탁에 앉아 차를 마시고 있었다.

"드릴 말씀이 있어요."

누나가 말했다.

"이제 일주일이 지난 건 두 분 아시죠?"

엄마와 아빠는 고개를 끄덕였다.

"생각해 봤는데……."

"아직 부족한 게 많긴 할 거야."

아빠가 먼저 선수를 쳤다.

"썩 마음에 들진 않지만 그래도 우리는 가족이잖아요. 그래서 서로 노력하면서 살았으면 좋겠어요."

"그래서 아빠 엄마, 여기에다가 각자 자신의 각오를 썼으면 좋겠어요."

내 말에 엄마가 숙이고 있던 고개를 들었다.

"각오?"

"네. 각자 앞으로 어떤 가족이 되고 싶은지 쓰는 거예요. 이건 그러니까 가족 선언문이 되는 거예요."

"가족 선언문?"

"네. 이제부턴 진짜 가족으로 각자 역할에 충실해 보자는 거죠."

- 혜성이의 부모님이 자꾸 다투시는 이유가 무엇인지 말해 보세요.

- 가족 구성원의 올바른 역할에 대해 생각해 보고, 혜성이의 가족이 쓴 가족 선언문의 내용을 상상해 보세요.

한눈에 읽는 개념 지도

옛날과 오늘날의 결혼 모습

- **옛날의 결혼식**
  - 신부의 집에서 결혼식을 해요.
  - 신랑의 집으로 가요.
  - 폐백을 드려요.

- **결혼의 뜻**
  - 두 사람이 부부가 되어 가정을 이뤄요.
  - '혼인'이라고도 해요.

- **옛날과 오늘날의 결혼 풍습**

- **오늘날의 결혼식**
  - 결혼식장에서 결혼식을 올려요.
  - 결혼식 모습은 다양해요.

가족의 형태와 역할 변화

문해력 쏙쏙 모아 보기

> 앞에서 읽은 내용을 떠올리며, 빈칸에 들어갈 개념들을 써 보세요. 기억이 잘 나지 않을 때는 옆에 적힌 쪽에서 힌트를 얻을 수 있어요.

- ◯◯◯◯ 은 산과 들, 하천과 바다처럼 사람의 손길이 닿지 않은 자연 그대로를 말한다. ▶ 18쪽

- 들, 산, 바다 같은 땅의 ◯◯◯ 에 따라 사람들의 생활 모습이 다양하게 나타난다. ▶ 25쪽

- 우리나라는 장마와 태풍으로 일 년의 강수량 중 대부분이 ◯◯ 에 집중되어 있다. ▶ 30쪽

- 입는 것과 관련된 사람들의 생활을 ◯◯◯ 이라고 한다. ▶ 38쪽

- 먹는 것과 관련된 사람들의 생활을 ◯◯◯ 이라고 한다. ▶ 42쪽

- 몸을 보호하기 위한 의생활, 영양분을 얻기 위한 식생활, 안전하고 편안하게 쉬기 위한 주생활을 통틀어 ◯◯◯◯ 이라고 한다. ▶ 48쪽

- 사람들이 생활하는 데 필요한 여러 가지 물건을 ◯◯◯ 라고 한다. ▶ 63쪽

- 돌을 도구로 사용한 시대에는 돌을 나무에 연결해 돌괭이를 만들어 땅을 갈고, ◯◯ ◯◯ 로 잘 익은 곡식을 수확했다. ▶ 66쪽

- 구석기 시대에 살았던 사람들은 동물의 가죽이나 풀잎 등으로 옷을 만들어 입었다. 그러다가 신석기 시대가 되면서 ◯◯◯ 같은 도구를 활용해 옷을 만들기 시작했다. ▶ 70쪽

- 농사를 짓기 시작하는 신석기 시대에는 땅을 파서 기둥을 세우고 그 위에 풀과 짚을 덮어 만드

- 는 ◯◯이 등장했다. ··· ▶ 74쪽
- 해마다 일정한 시기에 되풀이되는 다양한 생활 모습을 ◯◯◯◯이라고 한다. ····

  ··· ▶ 84쪽

- ◯◯에 여자들은 창포물에 머리를 감거나 그네를 뛰었고, 남자들은 활쏘기나 씨름을 하

  며 하루를 보냈다. ··· ▶ 87쪽

- ◯◯◯◯◯◯은 음력 1월 15일로, 나쁜 기운을 쫓아낸다는 의미를 담아 쥐불놀

  이와 달집태우기를 했다. ··· ▶ 94쪽

- 두 사람이 부부가 되어 가정을 이루는 것을 ◯◯이라고 한다. ················· ▶ 106쪽
- 결혼을 기념하기 위해 대부분의 사람들은 ◯◯◯을 한다. ······················ ▶ 110쪽
- 옛날에 신부가 결혼식을 한 후 처음으로 신랑의 부모님께 인사를 드리던 것을 ◯◯이라

  고 한다. 이때, 신랑의 부모님과 어른들은 자식을 많이 낳고 부자가 되라는 뜻으로 ◯

  와 밤을 신부의 치마에 던져 주었다. ·· ▶ 114쪽

- 부모와 결혼한 자녀와 함께 사는 가족을 ◯◯◯◯이라고 하고, 부모가 결혼하지

  않은 자녀와 함께 사는 가족을 ◯◯◯이라고 한다. ······························ ▶ 123쪽

- 주로 농사를 지으며 살던 옛날과 달리, 시간이 흐르면서 도시가 생기고, 다양한

  ◯◯가 생겼다. 가족이 모여 살면서 농사지을 필요가 없어졌기 때문에 ◯◯◯이 늘

  어나게 되었다. ··· ▶ 127쪽

- 오늘날에는 여자와 남자가 ◯◯하다는 생각이 커지고, ◯◯ 받을 기회가 동등하

  게 주어지면서 가족 구성원의 역할을 구분하지 않게 되었다. ······················· ▶ 130쪽

143

- ●●●● 는 확대 가족이나 핵가족처럼 가족이 구성되어 있는 모습을 말한다. ▶ 134쪽

찾아보기

ㄱ

가락바퀴	67
가마솥	70
가족	104
가족 구성원	120
가족 형태	131
간석기	60
강강술래	93
강수량	27
결혼	105
결혼식	107
구석기 시대	59
구성	120
귀틀집	72
그래프	27
기온	15
기와집	72

ㄴ-ㄷ

너와집	45
단오	85
도구	58
도시	21
동굴	71
동지	87
들	21
뗀석기	59

ㄹ-ㅁ

명절	81
모내기	124

ㅂ

바깥일	128
바다	24
바위 그늘	71
반달돌칼	64
반려동물	133
방직기	68
베틀	68
부부	105
빗살무늬 토기	61

ㅅ

산	22
삼복	86
생산하다	16
생활 도구	58
설날	81
세시 풍속	82
시루	70
식생활	39
신석기 시대	60

ㅇ

아파트	73
양력	82
여가 생활	21
온돌	73
우데기집	46
움집	71
음력	81
의생활	35
의식	108
의식주 생활	48
이누이트족	37
인문 환경	15
일손	124
입양	106

ㅈ

자연환경	15
장마	28
재봉틀	68
절기	82
정월 대보름	88
주례	109
주먹도끼	60
주생활	43
중양절	86
집안일	128

ㅊ

차례	82
철기 시대	63
청동기 시대	62
초가집	72
추석	91
축사	21

ㅌ-ㅍ

태풍 28
터돋움집 44
토기 61
트랙터 21
폐백 109
풍속 83

ㅎ

한식 90
핵가족 122
협동하다 124
혼례 108
확대 가족 121

출처 및 참고 자료

자료 출처

- 31쪽 우정태, 〈멋진 겨울날〉, 《노래처럼 들려주는 산뜻하고 예쁜 동시》, 좋은땅, 2020.
- 115, 118쪽 김홍도, 〈자리 짜기〉, 《단원풍속도첩》, 국립 중앙 박물관 소장
- 116쪽 클로드 모네, 〈양산을 든 여인〉, 워싱턴 국립 미술관 소장
- 117쪽 이중섭, 〈물고기와 노는 세 아이〉, 한국저작권위원회
- 135~139쪽 임지형 글·김아영 그림, 《가족 선언문》, 아이앤북, 2019.

참고 자료

- 27쪽 기상청 기상자료개방포털 사이트(data.kma.go.kr)
- 49쪽 네이버 영화 <캐스트 어웨이(Cast Away, 2001)> 줄거리

초등 사회 진짜 문해력 3-2

초판 1쇄 발행 2023년 2월 10일
초판 4쇄 발행 2025년 6월 19일

지은이 • 배성호 곽혜송 김재윤 신봉석 이우철
그린이 • 조에스더 혜영드로잉 신이랑
펴낸이 • 황혜숙
편집 • 소인정
조판 • 이츠북스
펴낸곳 • (주)창비교육 | 등록 • 2014년 6월 20일 제2014-000183호 | 제조국 • 대한민국
주소 • 04004 서울특별시 마포구 월드컵로12길 7
전화 • 1833-7247 | 팩스 • 영업 070-4838-4938 편집 02-6949-0953
홈페이지 • www.changbiedu.com | 전자우편 • contents@changbi.com

ⓒ 배성호 곽혜송 김재윤 신봉석 이우철 2023
ISBN • 979-11-6570-185-7 73300

* 이 책 내용의 전부 또는 일부를 재사용하려면 반드시 저작권자와 (주)창비교육 양측의 동의를 받아야 합니다.
* 책값은 뒤표지에 표시되어 있습니다. * KC마크는 이 제품이 공통안전기준에 적합하였음을 의미합니다.
* 사용 연령: 5세 이상 * 종이에 베이거나 긁히지 않도록 주의하세요.